USAGES

ET

RÉGLEMENTS LOCAUX

DU

DÉPARTEMENT D'ILLE-ET-VILAINE.

USAGES

ET

RÉGLEMENTS LOCAUX

AYANT FORCE DE LOI

DANS LE

DÉPARTEMENT D'ILLE·ET·VILAINE

CONSTATÉS ET RECUEILLIS

SOUS LA SURVEILLANCE ET AVEC LE CONCOURS DE L'ADMINISTRATION

Par des Commissions spéciales

MIS EN ORDRE ET PUBLIÉS

Par C.-J.-B. QUERNEST

Docteur en Droit, Avocat à la Cour impériale de Rennes, ancien Secrétaire en chef de la Mairie de Rennes,
Membre de la Commission centrale de révision du Recueil.

Ouvrage couronné par le Conseil général du département.)

DEUXIÈME ÉDITION.

« Ea quæ longa consuetudine comprobata
» sunt, ac per annos plurimos observata,
» velut tacita civium conventio, non minus
» quam ea, quæ scripta sunt jura, servantur.»
(Dig. de legibus 35. fr. Hermogen.)

PARIS		RENNES
COSSE ET MARCHAL,		VERDIER. libraire, rue Motte-Fablet,
LIBRAIRES DE LA COUR DE CASSATION,		THEBAULT, *id.*, place du Palais,
Place Dauphine, 27.		Et chez les principaux libraires.

1859.

INTRODUCTION.

Lorsque le génie du Premier Consul eut la gloire, il y a un demi-siècle, de doter la France d'une législation uniforme, de substituer la concision et la clarté à la confusion résultant de la multitude des lois, coutumes, usages et statuts locaux, qui jusqu'alors avaient régi les différentes parties de son territoire, la tâche du législateur embrassa naturellement toutes celles des anciennes dispositions qui pouvaient sans inconvénient se concilier et se confondre; elle dut s'arrêter chaque fois que cette conciliation si utile en principe devait porter atteinte à de nombreux intérêts sans compensation sérieuse.

Les variétés de sol, de climat, de culture, les besoins des localités, les mœurs et la nature même des choses constituaient autant d'obstacles à la conciliation des anciennes coutumes et à leur application identique et absolue à tous les habitants d'un vaste territoire. Il eût d'ailleurs fallu descendre à des détails infinis autant que minutieux, plutôt du ressort des réglements que de la loi, et peu compatibles avec la concision et la clarté qui la caractérisent. D'un autre côté, l'abrogation complète des anciennes coutumes locales eût porté préjudice aux intérêts de populations nombreuses, sans profit réel pour l'intérêt général.

Le législateur a non seulement respecté et laissé subsister en divers cas non prévus dans nos Codes, ceux des anciens usages locaux dont l'utilité se trouvait consacrée par les faits et par le vœu tacite des populations, mais encore il y a souvent renvoyé d'une manière expresse, donnant ainsi à l'usage force de loi.

Ainsi, le Code Napoléon dispose que l'usufruit des bois (art. 590, 593), l'usage des eaux courantes (art. 644, 645), la hauteur des clôtures dans les villes et faubourgs (art. 663), les distances à observer entre les héritages pour les plantations d'arbres de haute tige (art. 671), les constructions susceptibles par leur nature de nuire au voisin (art. 774), les contrats et conventions (art. 1135, 1159, 1160), les délais à observer pour les congés des locations et les paiements des sous-locations (art. 1736, 1738, 1753, 1758, 1759), les réparations locatives ou de menu entretien (art. 1754, 1755), les obligations des fermiers entrants et sortants (art. 1777), auraient généralement pour règle *l'usage des lieux*, les réglements *particuliers*, *les coutumes*.

D'autres lois renvoient également d'une manière expresse à l'usage local; telles sont :

La loi du 6 octobre 1791, concernant le glanage, la vaine pâture;

La loi du 14 floréal an XI, qui subordonne aux anciens réglements et usages locaux la direction, la construction et le curage des canaux et rivières non navigables.

Les usages auxquels se réfèrent ces dispositions législatives, et un grand nombre d'autres encore en vigueur, n'avaient été, malgré leur utilité incontestable, constatés et recueillis presque nulle part d'une manière claire et précise, et n'étaient à peu près connus que d'un petit nombre de jurisconsultes. Dans le département d'Ille-et-Vilaine, un seul arrondissement, celui de Fougères, possédait un recueil d'usages locaux, publié en 1839 par M. Cavé, avocat. Une consultation des anciens avocats du barreau de Rennes, insérée dans le Code de police de cette ville, contenait quelques usages applicables seulement aux quatre cantons de Rennes. En l'absence de règles positives, une multitude de contestations, ayant trait à l'usage local, étaient souvent décidées, surtout dans les campagnes, suivant le caprice ou l'ignorance d'un expert; un intérêt modique entraînait parfois des procès ruineux, dans lesquels les parties s'engageaient d'autant plus volontiers qu'elles étaient moins éclairées sur le mérite de leurs prétentions.

Déjà plusieurs Conseils généraux de département avaient exprimé le vœu que l'on s'occupât de constater et de recueillir, dans l'intérêt des services de l'administration et des tribunaux, les usages locaux auxquels se réfèrent les diverses dispositions législatives, lorsque, de son côté, M. le Ministre de l'Intérieur, par une circulaire en date du 26 juillet 1844, attira spécialement sur cet objet l'attention des Préfets et des Conseils généraux.

Le Ministre, après avoir énuméré les principales dispositions législatives qui donnent à l'usage force de loi, et fait remarquer de quelle utilité serait, dans chaque département, un recueil des usages composé avec soin et revu par toutes les personnes de la localité les mieux instruites et les plus compétentes, termine en invitant le Préfet « à » soumettre au Conseil général cette question, et à le prier » d'examiner s'il y a lieu de former un recueil des usages » locaux dans le département, quelle sera la marche à suivre » pour en assurer la bonne exécution, et quels encoura- » gements pourront y être consacrés. »

Dans sa session de 1844 pour 1845 (séance du 24 août),

le Conseil général d'Ille-et-Vilaine reconnut l'un des premiers la convenance et l'utilité d'un recueil des usages locaux, qui, entre autres avantages, aurait celui de former un élément précieux pour la préparation d'un Code rural si vivement désiré.

Examinant ensuite quel pouvait être le meilleur mode d'exécution du travail, le Conseil pensa qu'il devait s'accomplir sous la surveillance et avec le concours de l'administration.

Il demanda qu'il fût établi dans chaque chef-lieu d'arrondissement des commissions composées :

1° Du Préfet, à Rennes, et du Sous-Préfet, dans les autres arrondissements, ces fonctionnaires étant présidents ;

2° D'un juge du tribunal ;

3° D'un membre du conseil d'arrondissement ;

4° D'un membre du conseil municipal du chef-lieu ;

5° D'un avocat attaché au barreau ;

6° D'un notaire ;

7° Des juges de paix de tous les cantons.

Ces commissions avaient pour mission de résoudre les questions qui se présenteraient, et de préparer les bases d'un recueil complet, dont la rédaction définitive serait par elles confiée, soit à l'un de leurs membres, soit, à son défaut, à des étrangers, qui seraient libres de publier l'ouvrage à leur bénéfice.

Aucune suite ne fut donnée à la délibération du Conseil général jusqu'au mois de novembre 1846. A cette époque, le rédacteur du présent recueil fut désigné pour s'occuper de ce travail. Des commissions furent en même temps composées dans chaque arrondissement, conformément au vœu du Conseil général, et l'administration, pour plus de garanties, y adjoignit même d'autres membres, dont l'avis était indispensable pour la solution de certaines questions spéciales.

La commission de l'arrondissement de Rennes, invitée par M. le Préfet à se prononcer sur la marche à suivre pour assurer la bonne exécution du travail, pensa que le plus sûr moyen de répondre au vœu du Conseil général était de préparer une série de questions sur les usages le plus fréquemment invoqués dans la pratique, et de la soumettre aux membres des diverses commissions.

Une première série de questions, présentée par le rédacteur et complétée par la commission centrale, fut alors imprimée et adressée, non seulement à tous les membres des commissions d'arrondissement, mais encore à diverses personnes qui, par leurs connaissances spéciales ou par une longue pratique des affaires, étaient le plus capables de donner une bonne solution aux questions posées.

Presque tous les membres des commissions adressèrent leurs réponses à la préfecture dans le courant de l'année 1848. Plusieurs donnèrent à leur travail un soin tout particulier et des développements très-utiles à l'intelligence de l'usage, et trois arrondissements, ceux de Saint-Malo, Redon et Montfort, crurent devoir fondre les travaux individuels de chaque membre en un seul, comprenant le résumé des usages locaux en vigueur dans chacun de ces arrondissements.

Lorsque tous ces documents furent réunis, le rédacteur dut préparer un dépouillement général des réponses relatives à chaque question, afin d'établir ensuite d'une manière certaine quelle devait être la règle à poser suivant chaque cas, quelles exceptions étaient à faire, quels détails et développements étaient nécessaires à l'intelligence de la matière.

Une rédaction provisoire, préparée à l'aide des éléments de cette enquête et réunissant autant que possible les conditions ci-dessus, fut ensuite présentée par le rédacteur à la commission centrale; chacune des solutions proposées fut l'objet d'un examen approfondi, et quelques-unes même ne furent adoptées qu'après de nouvelles informations.

Indépendamment de toutes ces précautions, le travail fut de nouveau revu dans son entier par une commission de trois membres (1), afin qu'il ne restât aucun point hasardé, incertain ou obscur.

Quant au plan de l'ouvrage, le rédacteur, d'accord avec la commission, au lieu de suivre la division par arrondissement, qui eût entraîné des subdivisions sans fin et des répétitions inutiles, pensa qu'il était préférable de poser comme règle, suivant l'ordre logique des matières, l'usage observé le plus généralement, et de ne mentionner un arrondissement, un canton, une commune, que lorsqu'ils font exception, soit parce que l'usage n'existe pas, soit parce qu'il est différent ou n'existe qu'avec certaines modifications. Autrement, il eût fallu reproduire pour chaque arrondissement tous les cas prévus par l'usage et dont la plupart reçoivent la même solution sur tous les points du département; ce qui, loin d'être de la moindre utilité, eût nui, au contraire, à l'ensemble de l'ouvrage et au but que l'administration et le Conseil général se sont proposé.

---

(1) MM. de Caffarelli, Préfet du département, Jouaust, président du tribunal civil de Rennes, et Tarot, président à la Cour d'appel.

Malgré les soins apportés à la rédaction du recueil, des omissions et même des erreurs étaient presque inséparables d'un premier travail de cette nature. Le temps et l'expérience devaient contribuer surtout à signaler les unes et les autres. Il était difficile, en effet, et la commission centrale n'avait pu se le dissimuler, d'obtenir à la fois et dès le principe des renseignements complets et précis sur la totalité des usages observés dans les différents cantons. Indépendamment des services qu'il a pu rendre en faisant cesser l'ambiguité et le doute dans nombre de cas, le premier recueil devait amener aussi ce précieux résultat, de fournir en quelque sorte des points de repère pour se frayer de nouvelles voies dans un vaste champ jusqu'ici presque inexploré. C'est dans ce but qu'un avis inséré en tête de l'ouvrage invitait le lecteur à signaler les omissions et les erreurs que la pratique pouvait révéler. Quant à l'époque d'une nouvelle publication, elle dut naturellemment rester indécise et subordonnée à la condition préalable de recueillir sur tous les points du département les renseignements et les observations suggérés par l'expérience.

Cinq années s'étaient écoulées depuis la publication du Recueil, lorsqu'en conformité d'une dépêche de S. Exc. le Ministre de l'Agriculture et du Commerce, en date du 18 juin 1855, la commission centrale fut réorganisée par M. le Préfet, pour donner son avis sur l'exactitude de l'ouvrage. Composée en majeure partie des membres qui avaient concouru au premier travail, la commission pensa que l'expérience de ces cinq années avait dû permettre de reconnaître les imperfections qui pouvaient s'y rencontrer.

Sur les conclusions du rapport de la commission, une

circulaire fut adressée par M. le Préfet aux diverses commissions cantonales avec invitation de donner leur avis sur l'exactitude du Recueil et de signaler les lacunes ou les irrégularités que la pratique leur aurait révélées.

Les tribunaux civils, le tribunal et la chambre de commerce de Rennes, les juges de paix, et par l'intermédiaire de ces derniers, plusieurs maires, notaires, experts et membres des Comices agricoles du département ont répondu à l'appel de M. le Préfet.

Le nombre des réponses et envois, soit collectifs, soit individuels, soumis à l'examen de la commission centrale, s'est élevé à cinquante, sur lesquels seize contiennent une ou deux observations et sept n'en contiennent aucune.

Les divers envois, dans leur ensemble, comprennent environ trois cent cinquante observations, se rattachant, soit directement, soit indirectement, à cent trois articles du recueil; sur ce nombre, vingt-cinq articles ont été l'objet de deux ou trois observations, et quarante n'en ont provoqué qu'une seule.

Ces observations, quant à leur objet, se divisent en deux catégories principales, comprenant: la première, des erreurs; la seconde, des omissions. Celles-ci sont de beaucoup les plus nombreuses.

Il est une troisième catégorie de documents ne constituant guère que des vœux, des questions ou des solutions de droit ou même des questions de morale (1).

(1) Cette triple distinction résulte d'un état de classement dressé par M. Ménard, membre de la commission centrale, et inséré dans le travail de la sous-commission chargée du dépouillement préparatoire des diverses réponses. Cet état, véritable table des matières, a particulièrement contribué à faciliter les travaux de la commission centrale.

On pourrait ranger dans une quatrième catégorie les observations de plusieurs de MM. les juges de paix de l'arrondissement de Fougères qui, au lieu de se renfermer dans l'objet déterminé par la circulaire de M. le Préfet, se sont plutôt occupés du recueil publié en 1839 par M. Cavé, pour cet arrondissement.

A ces divers points de vue, il était difficile de faire un exposé précis de l'ensemble des observations recueillies, et plus difficile encore d'attribuer à toutes une égale portée. La commission centrale devant se borner à la constatation des usages locaux proprement dits, n'a pu faire droit qu'aux observations ayant pour objet des omissions ou des rectifications offrant ce caractère ; elle a dû par suite écarter toutes les observations se rattachant à trente-un articles du recueil. Quant aux observations dont elle a, en tout ou en partie, tenu compte et qui s'appliquent à soixante-douze articles, la plupart n'ont pour objet que des lacunes.

La commission centrale a mis au surplus, dans l'accomplissement de sa mission, le même zèle et le même soin que celle qui avait concouru à l'élaboration du premier recueil. Notre but constant a été de seconder ses efforts, d'être l'interprète exact et fidèle de ses délibérations, et de justifier autant que possible la confiance que l'administration et la commission ont bien voulu nous témoigner en nous désignant pour remplir une seconde fois les fonctions de secrétaire et de rédacteur.

La commission avait d'abord pensé, eu égard à la matière, que la publication d'un supplément contenant l'insertion des documents nouveaux avec des renvois correspondant aux matières du recueil, pouvait suffire au but proposé, mais elle n'a pas tardé à reconnaître que le recours à ce double recueil serait dans la pratique d'un embarras presque continuel. Elle s'est arrêtée à une seconde édition.

Dans sa haute sollicitude pour le recueil, le Conseil général, sur la proposition de M. Féart, Préfet d'Ille-et-Vilaine, a ordonné que cette nouvelle édition serait publiée aux frais du département.

LISTE

des Membres des Commissions qui ont concouru à l'élaboration du recueil.

—

1re ÉDITION.

—

ARRONDISSEMENT DE RENNES.

M. le comte DE CAFFARELLI, Préfet du département, *président*.

MEMBRES, MM.

JOUAUST, président du tribunal de 1re instance.

SÉVENO, membre du conseil d'arrondissement.

TAROT, président à la Cour, membre du conseil municipal et du conseil d'arrondissement.

MÉAULLE, avocat.

BERNY, notaire.

LOYSEL père, ancien avoué.

BINET père, architecte, remplacé depuis son décès par M. RICHELOT, architecte.

DE MALÉZIEUX-DUHAMEL, juge de paix du 1er arrondt de Rennes.

BIART,   *id.*   du 2e arrondt de Rennes.

JOLLY,   *id.*   du 5e arrondt de Rennes.

CAUZIC,   *id.*   du 4e arrondt de Rennes.

TUOLLAIS, juge de paix du canton de Saint-Aubin-d'Aubigné.

DENIS,   *id.*   de Châteaugiron.

RICHARD, juge de paix du canton de Hédé.

MOIGNO, *id.* de Janzé.

GUYOT, *id.* de Liffré.

MEUSNIER, *id.* de Mordelles.

QUERNEST, docteur en droit, secrétaire de la commission centrale et rédacteur du recueil.

ARRONDISSEMENT DE SAINT-MALO.

M. DE PONGERVILLE, Sous-Préfet, *président.*

MEMBRES, MM.

LECOMTE, juge au tribunal de 1re instance.

MICHEL-VILLEBLANCHE, membre du conseil d'arrondissement.

J.-L. MARION, avocat, membre du conseil municipal de Saint-Malo.

BOSSARD, avocat.

C. ROUXIN, avocat.

L. BOURDET, notaire honoraire.

DANEL, juge de paix du canton de Saint-Malo.

POINTEL, *id.* de Saint-Servan.

JOSSEAUME, *id.* de Châteauneuf.

ESCALOT, *id.* de Pleurtuit.

ROUXIN jeune, *id.* de Tinténiac.

QUONIAM, *id.* de Combourg.

YVON, *id.* de Pleine-Fougères.

PASQUIER, *id.* de Dol.

BARBEDETTE, *id.* de Cancale.

ARRONDISSEMENT DE FOUGÈRES.

M. CUINAT, Sous-Préfet, *président.*

MEMBRES, MM.

THOMAS, juge au tribunal civil, membre du conseil d'arrondissement.

MARTIN, avocat, maire de Fougères, *id.*

DENOUAL, ancien notaire, membre du conseil municipal.

GODARD, avocat.

Dorange, notaire honoraire.

Martin, juge de paix du canton de Fougères.

Lebeschu, *id.* *id.*

Hallais, *id.* d'Antrain.

Trouessart, *id.* de Saint-Aubin-du-Cormier.

Prenveille, *id.* de Saint-Brice.

Beaufils, *id.* de Louvigné-du-Désert.

ARRONDISSEMENT DE VITRÉ.

M. De Vaudichon, Sous-Préfet, *président*.

Membres, MM.

Coursier, président du tribunal civil.

Postel, avocat, membre du conseil d'arrondissement.

Hardy-Martinière, docteur en médecine, membre du conseil municipal.

Leroux-Maczon, avocat.

Raoul, notaire.

Darde, juge de paix du canton de Vitré (*est*).

Rubin, *id.* de Vitré (*ouest*).

Hevin, *id.* d'Argentré.

Joulain, *id.* de Châteaubourg.

Pirot, *id.* de La Guerche.

Brehier, *id.* de Rhetiers.

ARRONDISSEMENT DE REDON.

M. Monnier du Pavillon, Sous-Préfet, *président*.

Membres, MM.

Levexier, président du tribunal de 1re instance.

Lelevreur, membre du conseil d'arrondissement.

Thélohan, membre du conseil municipal du chef-lieu.

Niel, avocat, maire de Redon.

Gautier, notaire à Langon.

Lebret, juge de paix du canton de Redon.

Cabrie, *id.* de Bain.

BEAUFILS, juge de paix du canton de Fougeray.

DESBARRES,	*id.*	de Guichen.
BRANGER,	*id.*	du Sel.
BAUDAIRE,	*id.*	de Maure.
BLANCHET,	*id.*	de Pipriac.

ARRONDISSEMENT DE MONTFORT.

M. MERY, Sous-Préfet, *président.*

MEMBRES, MM.

RIDOUEL, président du tribunal de 1re instance.

FAISANT, procureur de la République, membre du conseil d'arrondissement.

TURIN, membre du conseil municipal.

LESNÉ, avocat.

ALLIOU, notaire.

POIGNANT, juge de paix du canton de Montfort.

ROPERTS,	*id.*	de Montauban.
JOUBAIRE,	*id.*	de Plélan.
CORVAISIER,	*id.*	de Bécherel.
ESCOLAN,	*id.*	de Saint-Méen.

——————

2e ÉDITION.

MEMBRES DES TRIBUNAUX CIVILS, MM.

Tribunal de Rennes . . . JOUAUST, *président.*

— de Saint-Malo . HOLITTE DE LA CHESNAIS, *président ;* BELLAMY, BOSSINOT-POMPHILY et MARTIN, *juges ;* BOSSARD et GIRON, *juges suppléants ;* ROUXIN, *procureur impérial ;* DESBOIS, *substitut.*

— de Fougères . . JENVRIN, *juge, doyen.*

— de Vitré. . . . OUDART, *président.*

— de Redon.. . . LEVEXIER, *id.*

— de Montfort . . JUMELAIS, *id.*

Membres des chambres de commerce, MM.

Le Tarouilly, *président de la chambre de commerce de Rennes.*
A. Marteville, *secrétaire de la chambre de commerce* id.

Juges de paix :

Les mêmes que ci-dessus, sauf les mutations suivantes :
MM.

Coralli, à Saint-Aubin-d'Aubigné. — D'Armont, à Hédé. — Le Bihan de Pennelé, à Saint-Malo. — Le Clezio, à Châteauneuf. — Duguen, à Pleurtuit. — Taburet, à Dol. — Josseaume, à Cancale. — Piton du Gault, à Antrain. — Desjardins, à Bécherel. — Nicole, à Saint-Aubin-du-Cormier. — Roumain de la Touche, à Saint-Méen. — Lepontois, à Louvigné-du-Désert. — Elie, à Vitré (canton *est*). — Even, *id.* (canton *ouest*). — Corvoisier, à Argentré. — Benoiste, à Châteaubourg. — De Bavillier, à Redon. — Carron, à Fougeray-le-Grand. — Maubec, à Guichen. — Du Pontavice, à Maure. — Regnault, à Pipriac.

Maires, MM.

Perrussel, à Gahard. — Moussault, à Visseiche.

COMMISSION CENTRALE.

M. FÉART, *Préfet du département, Officier de l'Ordre impérial de la Légion-d'Honneur, Commandeur de l'Ordre pontifical de Saint-Grégoire-le-Grand, Officier de l'Instruction publique, président.*

M. Pinczon du Sel, *conseiller de préfecture, délégué.*

Membres : MM. Tarot, *président à la Cour impériale.* — Le Gall, *conseiller à la Cour impériale.* — Menard, *avocat-général à la Cour impériale.* — Jouaust, *président du tribunal civil de Rennes.* — De Malézieux Duhamel, *doyen des juges de paix de Rennes.* — Loysel père, *doyen des avocats du barreau de Rennes.* — Méaulle, *avocat à la Cour impériale.* — Quernest, *docteur en droit, rédacteur du recueil.*

TITRE PREMIER.

DES SERVITUDES.

CHAPITRE PREMIER.

DE LA CLOTURE DANS LES VILLES ET FAUBOURGS.

(Code Napoléon, art. 665 *et* 656.)

ART. 1.

§ 1.—D'après l'art. 663 du Code Napoléon « chacun peut
» contraindre son voisin, dans les *villes* et *faubourgs*,
» à contribuer aux constructions et réparations de la clô-
» ture faisant séparation de leurs maisons, cours et jar-
» dins assis ès-dites villes et faubourgs. »

Dans le département d'Ille-et-Vilaine, il existe un très-
grand nombre d'agglomérations d'habitants auxquelles on
donne le nom de *ville*, soit à cause de leur population ou
des établissements publics qu'elles renferment, soit par
suite d'une décision de l'autorité administrative ou d'un
usage immémorial; mais il en est beaucoup, parmi celles
que l'on désigne ainsi, qui ne constituent que de simples
bourgs.

Les seules villes du département auxquelles doive s'appliquer l'art. 663, sont désignées dans le tableau suivant, avec leur population, d'après le recensement officiel de 1856 :

VILLES.	POPULATION agglomérée.	POPULATION totale.
Rennes..	55,665	45,664
Saint-Servan.	9,892	12,802
Saint-Malo.	9,450	10,809
Fougères.	8,296	9,844
Vitré.. . . ·	7,017	8,854
Redon.	5,294	5,471
Dol	5,275	4,555
Cancale	5,115	6,105
La Guerche	2,105	4,547
Janzé	1,676	4,586
Châteaugiron.	1,607	4,665
Bain.	1,596	5,869
Saint-Méen..	1,591	2,747
Montfort.. . . . . , . .	1,551	2,129
Combourg.	1,518	5,046
Antrain	1,179	1,615
Saint-Aubin-du-Cormier	1,159	1,989
Hédé..	955	947
Fougeray-le-Grand.	897	5,656
Montauban..	798	5,040
Bécherel.	706	820
Plélan-le-Grand	671	5,651

2.— Les *faubourgs*, également soumis à la clôture commune, consistent dans la continuité des maisons et de leurs dépendances en dehors de l'enceinte, ou des barrières d'une ville (1).

3. — Ces expressions de l'art. 663 : *Leurs maisons, cours et jardins*, étant seulement énonciatives, la clôture forcée s'applique encore aux héritages susceptibles d'être assimilés à cette espèce de fonds, comme formant une dépendance intime de l'habitation (2).

4. — Mais l'art. 663 n'est pas applicable aux prairies ni aux champs cultivés qui sont situés dans les faubourgs, derrière les maisons et jardins (3).

2.

1.— La clôture peut indifféremment être faite en pierre, en terre battue ou en bois, sauf au joignant des rues et places, dans les villes où les réglements obligent d'employer la pierre ou la brique.

2. — Dans les villes des arrondissements de Saint-Malo, Fougères et Redon, les murs de clôture sont le plus généralement construits en pierre.

Dans les arrondissements de Rennes, Montfort et Vitré, et dans le canton de Combourg, outre la pierre, on se sert aussi quelquefois de murs de terre et de planches clouées sur poteaux (*carrelis*).

Les murs de pierre peuvent être construits avec du mortier d'argile, sauf le chaperon, qui doit être fait avec chaux et sable.

---

(1) *Continentia urbis œdificia*. (D. 50, 16, 2 et 47.)

(2) Arrêt de la Cour de Limoges du 26 mai 1838.

(3) Arrêt de la Cour de Rennes du 7 décembre 1834. (*Journal de la Cour*, t. 10, p. 285.) — Toullier, t. 3, n° 165.

2

Il est d'usage de faire , au bas du chaperon , des filets ou larmiers en tuiles ou pierres plates un peu saillantes, pour jeter l'eau hors du parement du mur (1).

3. — Les murs de terre se font avec de la terre battue mélangée avec de la bruyère ou de la paille hachée. Leurs fondations doivent être en pierre. Le chaperon des murs de terre est ordinairement établi en ardoise.

4. — Quant à la clôture en bois, dite *carrelis*, elle se fait avec des poteaux d'une épaisseur moyenne de 16 centimètres, enfoncés en terre , sur lesquels sont assemblées des traverses au nombre de trois au moins, ayant 55 millimètres sur 11 centimètres d'équarrissage. Sur ces traverses sont clouées des planches de 2 à 3 centimètres d'épaisseur.

Le plus beau parement des carrelis se place toujours du côté du voisin.

5.

1. — Le législateur a pourvu, dans le même art. 663, aux difficultés qui pourraient s'élever entre voisins sur la hauteur à donner à la clôture commune, en ces termes :

« La hauteur de la clôture sera fixée *suivant les régle-* » *ments particuliers ou les usages constants et reconnus,* » et, à défaut d'usages et de réglements, tout mur de sé- » paration entre voisins, qui sera construit ou rétabli à » l'avenir, doit avoir au moins 32 décimètres (10 pieds) » de hauteur, compris le chaperon, dans les villes de » 50,000 âmes et au dessus, et 26 décimètres (8 pieds) » dans les autres. »

2. — Il n'existe d'usage constant dans le département qu'à l'égard de l'arrondissement de Fougères, où la hauteur de

(1) Toullier, t. 3, n° 189.

2 mètres 437 millimètres (7 pieds 1/2), fixée par l'art. 16 de l'Usement de Nantes, n'a pas cessé d'être observée.

3. — Dans les cinq autres arrondissements, la hauteur obligatoire est celle de 26 décimètres (8 pieds), sauf pour les clôtures en bois, dites *carrelis*, dont la hauteur est, d'après l'usage, de 2 mètres à 2 mètres 33 centimètres.

4. — Lorsque les deux terrains contigus sont d'inégale hauteur, celle du mur séparatif doit être mesurée à partir du sol le plus élevé.

Dans ce cas, les deux voisins contribuent par moitié, à compter du sol le plus bas jusqu'à la hauteur voulue par l'usage ou par la loi. Le propriétaire du sol le plus élevé fait et entretient à ses frais le surplus du mur, et supporte seul les frais de l'excédant d'épaisseur, s'il est nécessaire.

4.

L'épaisseur des murs est de 45 à 50 centimètres dans les villes de l'arrondissement de Saint-Malo, à l'exception de Combourg; de 50 à 60 centimètres dans les villes de Rennes, Redon, Fougères, Antrain, Châteaugiron et Combourg; de 60 centimètres à Saint-Aubin-du-Cormier; de 60 à 65 centimètres dans les villes de Vitré, Montfort et Hédé.

5.

1. — Outre les signes de non mitoyenneté indiqués dans l'art. 654 du Code Napoléon, il faut encore considérer comme tels, dans le département :

1° L'existence d'un seul côté du mur de trous parementés, appelés *épargnes* et *fenêtres*, d'une hauteur et d'une largeur moyenne de 33 centimètres, et pénétrant jusqu'au milieu de l'épaisseur du mur;

2° L'existence d'un seul côté du mur d'os ou de crochets en fer, placés lors de sa construction, pour supporter des espaliers ou cordons de vignes ;

3° L'existence, d'un seul côté, de pierres ou barreaux sans saillie, destinés à l'attache des bestiaux.

Dans ces cas, le mur est censé appartenir exclusivement au propriétaire du côté duquel se trouve placé un de ces signes.

Le mur est réputé mitoyen si les mêmes signes existent de chaque côté (1).

2.—Il y a marque de non mitoyenneté pour les carrelis, lorsque les planches ne se trouvent clouées que d'un seul côté des traverses dans toute la longueur de la clôture. Le plus beau parement est alors placé du côté du voisin.

Il y a, au contraire, marque de mitoyenneté pour les mêmes clôtures, lorsque, dans la moitié de la longueur, les planches sont clouées du côté de l'un des voisins, et, dans l'autre moitié, du côté de l'autre voisin.

---

(1) « La marque du mur mitoyen est, quand il est chaperonné, ou y a
» *fenêtre* des deux côtés. » (Loisel, *Institutes coutumières*, ii, 3, § 2.)

CHAPITRE II.

DU BORNAGE (1).

———

6.

1.—Le Code Napoléon, en décidant que « tout proprié-taire peut obliger son voisin au bornage de leurs propriétés contiguës » et que le bornage se fait à frais communs (art. 646), se réfère implicitement à l'usage local sur la manière de l'effectuer.

2.—Le mode de borner les propriétés le plus usité dans le département, consiste à placer, à chacun des angles du terrain qu'il s'agit de délimiter, une pierre longue, dont la sommité paraisse au-dessus du sol, de manière à fixer la démarcation, au moyen d'une ligne droite, tirée d'une borne à l'autre.

Dans le canton de Montfort, l'usage est de placer une troisième borne au milieu du tracé de chaque ligne droite, de sorte que le déplacement ou l'enlèvement d'une borne n'empêche pas de retrouver la limite des héritages.

3.—Pour prévenir toute équivoque, on place, aux deux côtés de chaque borne, ou au-dessous, deux morceaux

---

(1) Les dispositions concernant le bornage, la mitoyenneté, etc., sont étrangères aux servitudes et n'ont été placées sous ce titre que pour obser-ver, autant que possible, l'ordre du Code Nap. (V. Toullier, t. 3, n° 485.)

L'action en bornage est de la compétence des juges de paix, lorsque la propriété ou les titres qui l'établissent ne sont pas contestés. (Loi du 25 mai 1838, art. 6, n° 2.)

d'une pierre ou d'une brique cassée qui, lorsqu'on les rapproche, doivent s'adapter de manière à caractériser la borne. On les nomme, pour ce motif, *témoins*.

4. — Dans le canton de Saint-Brice, on emploie, depuis quelques années, des bornes en granit, taillées en forme de cône, hautes de 40 à 50 cent., sur un diamètre de 15 à 20 cent. à la base, avec un petit trou au sommet pour indiquer le milieu. Les *témoins* deviennent alors inutiles. Dans les terrains marécageux, on se sert, au lieu de pierres, de morceaux de bois de châtaignier, durcis au feu.

5. — Le bornage s'effectue le plus généralement à une distance déterminée de certains points de repère invariables, tels qu'un puits, un bâtiment, un ruisseau, etc., de tout quoi l'on dresse un procès-verbal descriptif.

7.

1. — Il est d'usage, en labourant, de tracer les sillons parallèlement à la direction des haies, et, lorsque celles-ci sont courbes, on *réage*, c'est-à-dire qu'on suit la même courbe. Dans ce cas, il est impossible de ne pas dévier fréquemment de la délimitation constatée par les bornes ; on fait alors, autant que possible, compensation, en laissant sur la ligne des bornes autant de terrain en-deçà qu'au-delà du dernier sillon.

2. — Souvent les divers héritages compris dans le même enclos ne présentent pas de bornes et n'ont d'autre séparation que celle qui résulte de la disposition des sillons d'après la direction des haies, et de la nature des cultures. Dans ce cas, l'anticipation peut être considérée comme clandestine, suivant les circonstances laissées à l'appréciation du juge.

CHAPITRE III.

DES FOSSÉS.

***

8.

1. — Dans le département d'Ille-et-Vilaine, comme dans toute l'ancienne province de Bretagne, presque tous les héritages ruraux sont bornés, soit par des fossés, soit par des haies (1).

On entend par *fossé* une excavation pratiquée en terre pour servir de limite et de clôture entre voisins.

« Tout fossé est présumé mitoyen s'il n'y a titre ou marque du contraire. » (C. N., art. 666.)

2. — Comme il est d'usage que le fossé soit creusé et réparé par celui qui en est propriétaire (ou par celui qui occupe pour lui, son fermier par exemple), et que la terre qui en est extraite soit déposée sur son propre terrain, il est naturel de penser que le voisin sur l'héritage duquel se trouve le rejet de terre est le propriétaire du fossé. De là cette maxime : « *Qui douve a, si a fossé* » (2). La douve est prise ici pour le rejet (3), qu'en Bretagne nous appelons *talus*, et nous disons de même : « *qui a le talus a le fossé.* »

Le législateur a érigé cette maxime en loi dans l'art. 668, qui porte que « le fossé est censé appartenir exclusivement à celui du côté duquel le rejet se trouve. »

***

(1) Poullain-Duparc, *Principes du Droit français*, t. VIII, p. 30, n° 15.
(2) Loisel, *Institutes coutumières*. II, 3, § 7.
(3) De Laurière, sur Loisel, *loc. cit.*

2. — S'il y a jet des deux côtés, ou si les héritages des deux voisins ne présentent aucune éminence le long du fossé, il est réputé mitoyen, et la ligne du milieu forme la .limite des héritages.

9.

1. — Le Code Napoléon, en réglant la propriété des fossés, n'a rien dit de leur largeur ni de leur profondeur. Ces détails sont réglés par l'usage.

Dans l'arrondissement de Rennes, la largeur des fossés est de 0 m. 84 c. ou de 0 m. 95 c. à 1 m. (*rivet* compris) pour les terres labourables, et de 0 m. 50 c. pour les jardins et les prés. (V. art. 10, § 3.)

Dans l'arrondissement de St-Malo, elle est de 0 m. 50 c., et de 1 m. 33 c. pour les fossés creusés dans les marais.

Dans l'arrondissement de Fougères, on ne suit pas de règle uniforme. Leur ouverture est, dans les cantons de Fougères et d'Antrain, de 0 m. 50 c. ; dans le canton de Saint-Brice, de 0 m. 41 c. ; dans le canton de Louvigné-du-Désert, de 0 m. 33 c. ; dans le canton de Saint-Aubin-du-Cormier, de 0 m. 33 c., pour les terrains portés à la première classe sur la matrice cadastrale ; de 0 m. 66 c. pour les terrains compris entre la première classe et la dernière, et de 0 m. 84 c. pour les terrains de la dernière classe, dits terrains de *landes*. Les fossés des haies de jardin n'ont, dans tout l'arrondissement, que 0 m. 33 c. de largeur.

Dans l'arrondissement de Vitré, la largeur des fossés est de 1 m., à l'exception du canton de Rhetiers, où cette largeur est de 0 m. 84 c. pour les terres labourables, et de 0 m. 66 c. pour les prairies.

Dans l'arrondissement de Redon, la largeur des fossés est de 1 m., sauf dans le canton de Fougeray-le-Grand, où cette largeur est limitée, pour les bonnes terres, à 0 m. 83.

Dans l'arrondissement de Montfort, elle est de 0 m. 84 c., et de 0 m. 50 seulement pour les prairies.

2.—La largeur des fossés doit toujours se mesurer au niveau du sol naturel, sans tenir compte du rejet, et en suivant la ligne horizontale.

<h2 align="center">10.</h2>

1.—La profondeur des fossés, jusqu'ici à peu près arbitraire, mérite cependant une attention sérieuse ; car, si elle devient excessive dans les terrains légers et friables, le sol du voisin devra nécessairement s'ébouler et accroître la largeur du fossé à ses dépens, ce qu'il est difficile de réparer, et ce qui devient une source fréquente de procès.

2. —Pour y obvier, un ancien usage, encore en vigueur dans les arrondissements de Rennes et de Redon, dans quelques autres parties du département, et spécialement dans les cantons de Saint-Malo, Argentré, La Guerche et Louvigné-du-Désert, prescrit, lorsqu'on creuse un fossé, de laisser du côté du voisin, sous le nom de *semelle*, *sabotée* ou *rivet*, une lisière de terrain parallèle à ce fossé, et large de 16 c. (6 pouces), afin de maintenir son terrain solide.

3. — La largeur du *rivet* est toujours comprise dans la largeur ci-dessus fixée pour les fossés dans chaque localité.

4. — Le propriétaire du fossé doit laisser, en outre, du côté du voisin, un glacis suffisant pour obvier aux éboulements. La pente de ce glacis varie entre 30 et 45 degrés, selon la nature et la solidité du sol.

5. — On conçoit que la profondeur des fossés et leur largeur dans le fond dépendent du plus ou moins de pente du glacis. Ces deux dimensions sont, le plus généralement, des deux tiers de la largeur du fossé, mesuré au niveau du sol.

CHAPITRE IV.

DES HAIES.

—

11.

1.—Les talus, presque partout plantés d'arbres de haute tige, sont aussi couronnés d'arbustes, qui donnent plus de garantie à la clôture.

Ces arbustes constituent, avec le rejet de terre, ce qu'on appelle communément *haie*, et, dans quelques endroits, *haie en terre*, pour la distinguer de la haie établie sur le bord d'un fossé sans rejet, appelé simplement *haie*.

2.—Il existe aussi, surtout entre jardins, des clôtures de haies sans fossés. On les appelle *haies de pic* (1).

3. — « Toute haie qui sépare des héritages est réputée » mitoyenne, à moins qu'il n'y ait qu'un seul des héritages » en état de clôture, ou s'il n'y a titre ou possession suffi- » sante, au contraire. » (C. N., art. 670.)

Quelque absolus que soient les termes de cet article, la présomption de mitoyenneté ne s'applique pas, néanmoins, aux haies plantées sur le rejet de terre ou talus qui borde un fossé, puisque le rejet dont elles suivent le sort est, au contraire, présumé appartenir exclusivement à celui du côté duquel il se trouve. (C. N., art. 668.)

(1) Poullain-Duparc, t. VIII, p. 30, n° 18.

12.

1.—Le Code Napoléon, art. 671, se réfère aux réglements particuliers actuellement existants, ou aux *usages constants et reconnus*, pour la distance à observer, à partir du fonds voisin, dans la plantation des haies vives, et fixe, à défaut de réglements et usages, cette distance à un demimètre.

La distance autrefois observée en Bretagne était extrêmement variable, à ce point que Poullain-Duparc lui-même n'a pas cru pouvoir préciser celle dont l'observation était la plus générale.

Cette grande diversité, sous d'innombrables contestations, a cessé devant le Code, et la distance de 0 m. 50 c., fixée par l'art. 671 pour la plantation des haies vives, est aujourd'hui la seule observée dans tout le département.

13.

1.—Pour les haies plantées antérieurement à la promulgation du Code Napoléon, elles continuent d'être soumises à la distance anciennement suivie dans chaque localité.

Cette distance était :

De 0 m. 50 dans les cantons de Rennes, Mordelles, Liffré, Plélan, Châteaubourg, Rhetiers et La Guerche, et dans la partie nord-est du canton de Saint-Aubin-d'Aubigné.

0 m. 42 dans le canton d'Argentré.

0 m. 40 dans le canton de Châteaugiron.

0 m. 37 dans le canton de Vitré.

0 m. 22 dans le canton de Pipriac.

De 0 m. 16 au *minimum* dans les arrondissements de Fougères et de Redon, et dans les cantons de Montfort, Montauban, Bécherel, Saint-Méen, Hédé, Janzé, Fougeray-le-Grand et Saint-Aubin-d'Aubigné, moins la partie nord-est de ce canton.

2. — Il n'y avait pas d'usage constant dans l'arrondissement de Saint-Malo.

3. — La distance se mesure à compter du milieu du pied de la dernière rangée d'arbustes formant la haie jusqu'à la ligne séparative des héritages.

14.

A la différence des haies vives, les haies sèches et palissades peuvent être placées sur la ligne séparative des héritages. Ces deux espèces de clôtures se font avec des pierres plates ou des pieux fichés en terre, entrelacés de branches ou d'épines, des planches clouées sur poteaux, et toute espèce de matériaux propres à la clôture que fournit chaque localité.

15.

1. — Quant aux arbustes que l'on peut employer pour les haies vives, il faut distinguer s'il s'agit de terres labourables, de prés ou de jardins, et s'il existe un fossé au-delà de la haie.

S'il s'agit de terres labourables et de landes séparées des héritages voisins par un fossé privatif, on peut employer toute espèce d'arbustes, même l'épine noire et la ronce, sous la seule condition de ne pas les laisser s'étendre sur la propriété voisine. Néanmoins, ceux qu'on emploie le plus généralement sont : le prunier sauvage, le troène, le houx, le coudrier, le néflier et l'épine noire pour les terres labourables, et les ajoncs pour les landes.

2.—Pour les prairies, le saule est presque exclusivement en usage. On l'emploie le plus souvent sous la forme dite *plessage*, qui consiste dans l'entrelacement des branches.

3. — Pour les jardins, l'usage est de planter indistinctement le buis, le sureau, le houx, le groseiller, le troène ou l'aubépine.

4. — Cependant, dans les villes et faubourgs, et entre jardins bien entretenus, les haies mitoyennes se font avec l'aubépine.

16.

Le Code Napoléon ne contient aucune disposition qui détermine la hauteur et la largeur des haies. L'usage a réglé ces dimensions dans le département de la manière suivante :

La hauteur des haies entre jardins est :

Dans l'arrondissement de Rennes, de 1 m. à 1 m. 66.

Dans l'arrondissement de Saint-Malo, de 1 m. à 1 m. 50.

Dans l'arrondissement de Fougères, de 1 m. à 1 m. 33.

Dans les cantons de Vitré et d'Argentré, de 1 m. 50.

Dans les cantons de Châteaubourg, Rhetiers et La Guerche, de 1 m.

Dans l'arrondissement de Redon, de 1 m. 50.

Dans l'arrondissement de Montfort, de 1 m. à 2 m.

17.

1. — La largeur ou épaisseur des mêmes haies ne doit pas dépasser :

Dans l'arrondissement de Rennes, moins le canton de Saint-Aubin-d'Aubigné et dans le canton de La Guerche, 0 m. 66.

Dans les arrondissements de Saint-Malo et de Montfort, moins le canton de Bécherel, 1 m.

Dans l'arrondissement de Fougères, 0 m. 33.

Dans les cantons de Vitré , Argentré, Châteaubourg et Rhetiers, 1 m.

Dans le canton de Bécherel, 0 m. 70.

Dans l'arrondissement de Redon, et dans le canton de Saint-Aubin-d'Aubigné, 0 m. 50.

2. — La hauteur et l'épaisseur des haies dans les champs n'ont d'autre limite que l'âge déterminé par l'usage local pour leur coupe périodique, comme il sera indiqué plus loin, à l'occasion de l'émondage.

3. — Il en est de même pour les haies de saules dans les prairies.

18.

1. — L'usage est de tailler les haies de jardin deux fois par an , dans les mois de juillet et de novembre.

2. — Les haies mitoyennes sont taillées et entretenues à frais communs (C. N., art. 669) ; chacun des ayant-droit fait de son côté , et jusqu'à la moitié de l'épaisseur de la haie, les travaux nécessaires.

3. — Les haies privatives sont exclusivement taillées par celui qui en est propriétaire ou par son ayant-droit.

4. — A cet effet, l'usage l'autorise à passer sur le fonds voisin , mais seulement aux époques fixées pour la taille, à charge de nettoyer le terrain et d'indemniser le voisin de tout dommage.

5. — Le propriétaire de l'espace laissé au-delà de la haie a également la faculté d'y couper des herbes, mais il ne peut y faire paître ses bestiaux.

CHAPITRE V.

DES PLANTATIONS.

————

19.

1.—L'art. 671 du Code Napoléon dispose « qu'il n'est per-
» mis de planter des arbres de haute tige qu'à la distance
» prescrite par les réglements particuliers actuellement
» existants, ou par les *usages constants et reconnus*, et,
» à défaut de réglements et usages, qu'à la distance de
» deux mètres de la ligne séparative des deux héritages,
» pour les arbres de haute tige, et à la distance d'un demi-
» mètre, pour les autres arbres et les haies vives. »

A défaut de dispositions de la Coutume qui réglât la distance à garder pour la plantation des arbres de haute tige,
on observait autrefois en Bretagne, suivant le témoignage
de Poullain-Duparc (1), « la règle générale qui autorise le
» voisin a empêcher de planter des arbres à moins de *cinq*
» *pieds* de distance de son terrain. » C'était la distance
prescrite par la loi romaine pour la plupart des arbres, et
l'on sait que cette loi servait de règle dans les cas non prévus par les coutumes.

Toutefois, l'on peut se convaincre, par l'examen des
plantations anciennes, que cette règle était loin d'être sui-

(1) Principes du droit français, t. 8, p. 33.

vie, puisqu'on en observe à toute distance, et jusque sur la limite des héritages, sans doute par suite d'une tolérance réciproque entre voisins.

2. — On conçoit qu'un tel arbitraire ne pouvait prévaloir contre la distance fixée par le Code, distance qui, adoptée dans le département, y sert aujourd'hui de règle.

3. — Il n'existe d'exception que pour l'arrondissement de Fougères, où l'ancienne distance de 1 mètre 625 millimètres a toujours été considérée comme la seule applicable, et doit encore être admise.

20.

Quant aux arbres de basse tige, la distance observée dans tout le département est, comme pour les haies vives, celle que détermine le Code (un demi-mètre) (1).

21.

1. — La loi n'a point énuméré les arbres qui devaient être compris sous la dénomination d'arbres de haute tige, ou sous celle d'arbres de basse tige. La nomenclature en eût été trop longue. D'ailleurs la diversité du sol et de la température amenant une différence dans la croissance des végétaux, il n'était guère possible d'établir exactement, pour toute la France, chacune de ces catégories.

(1) L'obligation d'observer les distances ci-dessus est générale, et peut conséquemment être invoquée aussi bien contre l'Etat, en faveur des particuliers, que contre ceux-ci, en faveur du domaine public.

Ainsi les arbres des forêts sont soumis à cette règle. (Arrêt de la Cour de Rennes du 19 juin 1838. *Journal de la Cour*, t. 12, p. 465.) Il en est de même des plantations faites sur la lisière des héritages qui bordent les chemins vicinaux. (Loi du 26 juillet 1790, art. 8. — Toullier, t. 3, n° 516.)

2. — Les arbres de haute tige sont, dans le département : le chêne, le châtaignier, le noyer, le hêtre, l'orme, le frêne, le charme, le marronnier, le tilleul, l'érable, l'aune, le platane, le bouleau, l'if et les arbres résineux en général, le pommier, le poirier, le prunier, le cerisier, et autres de semblables dimensions.

3. — Sont assimilés aux arbres de haute tige, les bois taillis et ceux qui, placés dans la catégorie des arbres de basse tige, s'élèveraient de manière à porter préjudice au voisin, question abandonnée à l'appréciation du juge.

22.

Les arbres de basse tige sont : le coudrier, le sureau, le lilas, le genêt, le laurier et autres arbustes de décoration, etc. ; les arbres fruitiers taillés en espaliers, pyramides, quenouilles, buissons, ou de toute autre manière, les vignes, charmilles, etc.

23.

1. — La distance à observer n'est exigée qu'au moment de la plantation de l'arbre. Dès que celui-ci commence à grossir, cette distance ne peut plus exister. Il en résulte qu'elle doit toujours être mesurée, non pas à partir de la circonférence, mais du milieu même du pied de l'arbre.

2. — Lorsque la propriété voisine est limitée par une clôture privative, c'est à compter de cette clôture, haie, mur ou fossé, qu'il faut mesurer la distance, comme il est dit ci-dessus, pour la plantation des haies.

3. — Lorsque les héritages se trouvent séparés par un intervalle commun aux deux propriétaires, tel qu'un mur, une haie, un fossé ou un ruisseau mitoyens, la distance

doit se calculer du point milieu du mur, de la haie, du fossé ou du ruisseau (1).

4. — Toutefois, l'usage permet de planter sur le bord des ruisseaux ayant au moins 2 mètres de largeur (2).

5. — De semblables plantations, dans quelques parties du département, se font même à une distance inférieure. Dans l'arrondissement de Saint-Malo, par exemple, où les fossés plus spécialement désignés sous le nom de *douves* ont une largeur de 1 m. 33 c., ne présentent de rejet d'aucun côté, et sont présumés mitoyens, l'usage constant est de planter le saule sur le bord du fossé; mais alors il doit être écouronné à 2 mètres de hauteur.

24.

1. — Une autre exception se trouve également consacrée par l'usage, relativement à la distance fixée pour les plantations, lorsque les héritages sont séparés par un mur ou par un *carrelis* privatif à celui qui plante, ou mitoyen. Tout propriétaire ou copropriétaire dudit mur ou *carrelis* peut planter des espaliers et cordons de vignes,

(1) Duranton, t. 5, n° 387.

(2) Cette exception est fondée sur l'équité, puisque le voisin ne peut éprouver aucun préjudice ni par les racines des arbres, à l'avancement desquelles l'eau forme presque toujours un obstacle, ni par leurs branches, le tronc des arbres étant alors, de chaque côté, à la distance de deux mètres du point où le voisin peut commencer sa culture; elle est en outre éminemment favorable aux intérêts agricoles, en offrant le moyen de maintenir les terres contre les ravages des eaux courantes. Elle est de plus conforme à la doctrine et à la jurisprudence. (V. Pardessus, *Servitudes*, n° 194, et un arrêt de la Cour de Bourges, confirmé par la Cour de cassation, le 31 mars 1835, qui dispose, par application de l'art. 671, que l'on peut continuer de planter sur la rive des ruisseaux pour lesquels cet usage a été constamment suivi.)

sans observer d'autre distance , à partir du fonds voisin , que celle qu'occupe l'une ou l'autre de ces clôtures.

La même faculté existe pour les arbres taillés en éventail, les cerisiers nains, etc.

2. — Le voisin qui n'a point acquis la mitoyenneté du mur ou du carrelis, et auquel son titre ne concède pas le droit d'y attacher des arbres, a également la faculté, dans le même cas, de planter des arbres de basse tige, espaliers, etc., en deçà de la distance légale, pourvu qu'il les attache à des poteaux ou treillages non fixés au mur ou carrelis, et à la condition de répondre de tout dommage.

3. — Les arbres plantés en deçà de la distance légale, et qui ne se trouvent compris dans aucun des cas qui viennent d'être mentionnés, doivent être arrachés (1), si le voisin le requiert. (C. N., art. 672.)

25.

1. — Quelle que soit la distance qui existe entre les plantations et le fonds du voisin, et lors même que l'action de celui-ci, pour les faire arracher, serait éteinte par la prescription, il a toujours le droit de s'opposer à ce que les branches avancent sur sa propriété, et il peut contraindre le propriétaire à les couper (C. N., art. 672) (2).

---

(1) L'action du voisin contre le propriétaire de l'arbre se prescrit par trente ans, conformément à l'art. 690 du Code Napoléon.

Cette prescription ne doit commencer à courir qu'à compter du moment où le voisin a pu avoir connaissance de l'existence de l'arbre.

(2) Une exception a été établie à l'égard des bois et forêts, par l'art. 150 du Code forestier, d'après lequel « les propriétaires riverains ne peuvent » se prévaloir de l'art. 472 du Code Napoléon, pour l'élagage des lisières » desdits bois et forêts, si ces arbres de lisières ont plus de trente ans. »

2. — Dans ce cas, il est tenu de souffrir le passage sur son fonds, si l'élagage ne peut se faire autrement, et sauf indemnité, s'il y a lieu.

26.

1. — Le Code n'a point fixé jusqu'à quelle hauteur l'élagage devait être effectué. Anciennement on ne pouvait l'exiger, suivant le droit commun, qu'à la hauteur de quinze pieds, conformément à la loi romaine (1). Quelques localités paraissent vouloir encore se conformer à cette hauteur, et même à une hauteur inférieure; mais, en présence de l'art. 552 du Code Napoléon, qui décide que *la propriété du sol emporte la propriété du dessus et du dessous*, cet usage ne peut plus être obligatoire : l'élagage peut conséquemment être exigé à toute hauteur.

2. — Néanmoins, conformément aux intérêts de l'agriculture, l'usage local a consacré une exception relativement aux branches qui forment la couronne de l'arbre : ces branches, nécessaires à sa croissance, ne peuvent jamais être élaguées, lors même qu'elles s'étendraient sur un chemin vicinal (2).

27.

1. — Les fruits qui tombent sur l'héritage du voisin appartiennent au propriétaire de l'arbre. Le voisin doit lui procurer le passage nécessaire pour les recueillir, sauf indemnité en cas de dommage.

2. — Quant aux feuilles, elles appartiennent au propriétaire du terrain où le vent les porte.

(1) Poullain-Duparc, t. 8, p. 33.
(2) Arrêt de la Cour de cassation du 29 mai 1846. (Dall. per. 1846, 4, 532, n° 28.)

CHAPITRE VI.

DES CONSTRUCTIONS SUSCEPTIBLES DE NUIRE AU VOISIN.

— —

28.

1.— « Celui qui fait creuser un puits ou une fosse d'ai-
» sance près d'un mur mitoyen ou non ; celui qui veut
» y construire cheminée ou âtre, forge, four ou fourneau,
» y adosser une étable, ou établir contre ce mur un magasin
» de sel ou amas de matières corrosives, est obligé à
» laisser la distance prescrite par les *réglements* et *usages*
» *particuliers* sur ces objets, ou à faire les ouvrages pres-
» crits par les mêmes *réglements* et *usages*, pour éviter
» de nuire au voisin. » (C. N., art. 674.)

2. — En l'absence de dispositions de la Coutume, sur
les constructions mentionnées dans l'art. 674 du Code Napoléon, on observait autrefois en Bretagne les Usements de
Rennes et de Nantes.

C'est ce qu'atteste Poullain-Duparc, « l'auteur, dit Toullier, qui a recueilli nos anciens usages avec le plus d'exactitude » (1).

« L'Usement de Rennes, dit-il, est de droit commun
» dans toute la province, à l'exception des deux premiers
» articles ; et l'Usement de Nantes, qui est beaucoup plus

(1) **Toullier**, t. 3, n° 513.

» étendu, et qui est tiré des Coutumes de Paris, Orléans
» et autres Coutumes du royaume, supplée, dans toute la
» province, à ce qui n'est pas décidé par l'Usement de '
» Rennes, etc. » (1).

Dans les cas non prévus par ces Usements, on appliquait,
suivant le même jurisconsulte, les dispositions du titre IX
de la Coutume de Paris (2).

3. — Les dispositions des Usements de Rennes et de
Nantes et de la Coutume de Paris, auxquelles on se con-
formait en Bretagne avant le Code, pour les constructions
susceptibles de porter préjudice au voisin, n'ont pas cessé
d'être en vigueur dans le département, comme en font foi
les arrêts de la Cour de Rennes (3) et la pratique constante
des architectes.

SECTION I. — Des Puits.

29.

Celui qui fait creuser un puits près d'un mur mitoyen
ou privatif à son voisin, doit établir un contre-mur, avec
chaux et sable, de 50 centimètres d'épaisseur entre ledit
mur et le puits.

Il est tenu, en outre, si le voisin a déjà un puits de son
côté, de laisser, entre celui-ci et le puits qu'il veut édifier,
un intervalle de 3 mètres. (Usement de Nantes, art. 21.)

---

(1) Poullain-Duparc, *Principes du droit français*, t. 3, p. 311. —
Arrêt du Parlement de Bretagne du 26 avril 1763. *Journal du Parlement*,
t. 5, p. 562.

(2) Poullain-Duparc, *loc. cit.*, p. 312.

(3) Voir notamment les arrêts des 1er prairial an XII, 16 août 1820,
8 février 1828 et 24 août 1833. *Journal de la Cour,* t. 2, p. 80; t. 6, p. 702;
t. 8, p. 490, et t. 9, p. 400.

SECTION II. — *Des Fosses d'aisance, des puits ou fosses de cuisine.*

50.

1. — Dans le département d'Ille-et-Vilaine et dans toute la Bretagne en général, on observe, pour la construction des fosses d'aisance, l'art. 10 de l'Usement de Rennes, ainsi conçu : «Qui veut bâtir privés est tenu de bâtir deux pieds » (0 m. 64 c. environ) de muraille en chaux et sable, aupa- » ravant que d'arriver à la muraille du voisin propre ou » commune. »

Il faut excepter la ville de Vitré où, vu la bonne qua- lité des matériaux du pays, l'épaisseur fixée par l'art. 191 de la Coutume de Paris (0 m. 32 c.) est la seule observée.

2. — Le mur formant les trois autres côtés de la fosse d'aisance doit être également construit à chaux et à sable. (Arrêt de la Cour de Rennes, 1er août 1820.)

3. — Les puits ou fosses de cuisine sont assimilés aux latrines. (Usement de Nantes, art 20.)

4. — Indépendamment de ces précautions, toute fosse d'aisance doit être éloignée de 3 mètres au moins du puits à eau du voisin, pourvu que le puits soit premier édifié. (Usement de Nantes, art. 21.)

5. — La distance de 3 mètres est également obligatoire pour les puits ou fosses de cuisine et les égouts à partir d'un puits à eau premier édifié. (Usement de Nantes, art. 21.)

SECTION III. — *Des Cheminées.*

51.

1. — Tout propriétaire qui veut adosser une cheminée près du mur mitoyen, doit construire un contre-mur de

0 m. 12 c. d'épaisseur au moins, dans toute la largeur de la cheminée, jusqu'à la hauteur de la tablette. (Coutume de Paris, art. 189. — Code de police de Rennes, art. 314.)

Toutefois, cette épaisseur n'est exigée qu'à la base du contre-mur, jusqu'à la hauteur où doit s'élever la flamme, suivant la destination de la cheminée. Cette hauteur est fixée à 33 centimètres au moins pour une cheminée ordinaire, et à 50 centimètres au moins pour les cheminées de cuisine et autres, où il se fait beaucoup de feu.

L'usage permet de remplacer le contre-mur par une plaque de fer fondu, mais alors l'intervalle entre le mur et la plaque doit être rempli avec un mortier quelconque.

2. — Dans l'arrondissement de Fougères, celui qui veut construire une cheminée dans le pignon d'un mur mitoyen, peut disposer d'un tiers de l'épaisseur dudit mur, sous toute responsabilité, pourvu qu'il n'existe pas déjà de cheminée en face de l'autre côté (1).

3. — Les tuyaux de cheminées en maçonnerie doivent être construits en briques, tant pour les languettes de face que pour celles de trédeau et côtières. (Arrêt du Parlement de Bretagne du 13 avril 1588.—Code de police de Rennes, art. 308.)

4. — A Rennes, le minimum d'épaisseur de leurs quatre côtés ou languettes est fixé à 11 centimètres. Néanmoins, celles de face sont tolérées avec l'épaisseur des briques doubles sur le champ (0 m. 05 c.) revêtues des deux côtés d'un enduit de plâtre. (Code de police de Rennes, art. 310.)

5. — Tous les tuyaux de cheminées, en général, doivent

---

(1) Arrêté du 25 avril 1752, art. 19. — Usages locaux de l'arrondissement de Fougères, par Cavé, p. 87.

présenter un vide à l'intérieur de 0 m. 25 c. de largeur,
sur 0 m. 45 c. de longueur, mesuré entre les enduits. (Arrêt
du Parlement de Bretagne du 22 août 1787. — Code de
police de Rennes, art. 311.)

6. — Les souches des cheminées doivent être élevées
d'un mètre au moins (1) au-dessus du faîtage des maisons
auxquelles elles sont attachées. (Arrêt de réglement du
Parlement de Bretagne du 17 mai 1737. Arrêts du même
Parlement des 23 avril 1783 et 22 août 1787.)

SECTION IV. — Des Fours.

32.

1. — La distance à observer entre un four et le mur mitoyen est réglée par l'art. 24 de l'Usement de Nantes :

« Entre un four et un mur mitoyen et commun, doit
» avoir un pied d'espace vuide, pour éviter le danger et
» inconvénient du feu. »

Cet espace, qu'on appelle le *tour du chat*, ne doit être
fermé, ni par les extrémités, ni par le haut, pour que l'air,
passant librement, garantisse le mur des atteintes de la
chaleur.

2. — Le contre-mur qui forme le fond du four doit
avoir 33 centimètres (un pied) d'épaisseur, s'il est construit
en briques, et 50 centimètres (un pied et demi), s'il est
construit en moellons.

3. — Ces dispositions ne s'appliquent toutefois qu'aux

---

(1) L'élévation à donner aux tuyaux des cheminées au-dessus du faîte,
pour que la fumée ne puisse porter préjudice aux voisins, est subordonnée
à la disposition des lieux et aux autres circonstances qui, en cas de contestations, sont soumises à des experts. (V. Toullier, t. 3, n° 331. — Desgodets,
édit. de 1840, t. 1, chap. 3, note 57.)

fours de grande dimension. Quant à ceux dont le foyer ou diamètre est inférieur à 1 m. 50 c., on peut les construire avec un contre-mur de 22 centimètres (8 pouces), sans isolement, pourvu qu'ils soient adossés à un mur reconnu solide.

SECTION V. — *Des Forges et Fourneaux.*

33.

Entre une forge, un fourneau et le mur mitoyen, on doit laisser un vide de 162 millimètres (6 pouces), et bâtir un contre-mur de 325 millimètres (1 pied d'épaisseur). (Coutume de Paris, art. 190.)

SECTION VI. — *Des Etuves.*

34.

1. — Les étuves ne peuvent être établies qu'à la distance de 5 mètres au moins de toute autre espèce de bâtiments. (Arrêt du Parlement de Bretagne du 22 août 1787.)

2. — A Rennes, elles doivent être construites en maçonnerie dans tout leur pourtour ; le poêle doit être établi sur terre-plein, et son tuyau, revêtu de maçonnerie à l'endroit des planchers, doit s'élever au-dessus du comble. (Code de police de Rennes, art. 435.)

SECTION VII. — *Des dépôts ou amas de Matières combustibles.*

35.

Un arrêt de réglement du Parlement de Bretagne, du 11 juillet 1768, interdit de « placer les pailles et foins

» plus près des maisons, écuries et étables, que de qua-
» rante pas de distance d'icelles (1). »

Cette prohibition est encore en vigueur, sauf dans les
communes où des arrêtés spéciaux y auraient dérogé d'une
manière expresse (2).

SECTION VIII. — *Des Etables et Ecuries.*

56.

« Qui fait étable contre un mur mitoyen, il doit faire
» contre-mur de huit pouces d'épaisseur, de hauteur jus-
» ques au rez de la mangeoire. » (Coutume de Paris,
art. 188.)

SECTION IX. — *Des Matières corrosives.*

57.

On doit établir un contre-mur de la même épaisseur
que pour les étables ou écuries, entre le mur mitoyen ou
privatif au voisin, et un magasin de sel, salpêtre, un amas
de fumier, ou tout autre dépôt de matières corrosives.

La hauteur de ce contre-mur doit être proportionnée à
celle desdites matières.

SECTION X. — *Des Terres jectisses* (3).

58.

Le voisin qui veut établir une élévation de *terres jectisses*
contre le mur mitoyen ou privatif à l'autre voisin est tenu

(1) Poullain-Duparc, t. 8, p. 125.
(2) Conf. *Usages locaux du Finistère*, p. 136.
(3) On appelle ainsi les terres rapportées qui sont amassées et accumulées
de main d'homme (Fournel, *Traité du voisinage*, t. 2, p. 448).

de bâtir un contre-mur, dont l'épaisseur est fixée au tiers de la hauteur des terres rapportées, sans pouvoir être moindre de 0 m. 33 c. (1).

SECTION XI. — *De l'égout des toits.*

39.

Il n'existe aucun usage constant qui détermine l'espace que doit laisser entre son mur et l'héritage voisin celui qui fait diriger son toit vers ledit héritage, sans avoir acquis le droit de gouttières. Cet espace, subordonné à l'élévation du toit, à la disposition des lieux, etc., est fixé, en cas de contestation, par des experts (2).

40.

Pour divers autres détails, relatifs à la matière, et qui sont plus particulièrement du ressort des architectes, on suit généralement les règles posées par Desgodets et par son annotateur Goupy, dans l'ouvrage intitulé : *Lois des bâtiments* (chap. III, sect. II, art. 2) (3).

---

(1) Le minimum d'épaisseur est fixé par l'art. 192 de la Coutume de Paris.

(2) Cet espace est fixé assez généralement à un mètre. (Toullier, t. 3, n° 538.)

(3) Nonobstant les ouvrages intermédiaires et l'observation des distances prescrites par les réglements et usages, le voisin qui a fait faire les fouilles ou les constructions nuisibles n'en demeure pas moins chargé des événements et des dommages que ces fouilles ou ces constructions pourraient occasionner à l'autre voisin. (V. Toullier, t. 3, n° 332.)

CHAPITRE VII.

DE L'ENTRETIEN ET DE LA RÉPARATION DES CHOSES COMMUNES.

———

SECTION I. — *Des Maisons dont les différents étages appartiennent à différents propriétaires.*

41.

1. — « Lorsque les différents étages d'une maison appar-
» tiennent à divers propriétaires, si les titres de propriété
» ne règlent pas le mode de réparations et reconstructions,
» elles doivent être faites ainsi qu'il suit : Les gros murs et le
» toit sont à la charge de tous les propriétaires, chacun en
» proportion de l'étage qui lui appartient. Le propriétaire
» de chaque étage fait le plancher sur lequel il marche »
(et par conséquent les poutres, les soliveaux qui soutiennent le plancher) (1) ; « le propriétaire du premier

(1) Toullier, t. 3, n° 224. — *Le propriétaire de l'étage inférieur a-t-il,
d'après l'usage, la faculté d'établir des plafonds sous les planchers de
l'étage supérieur ?* Cette question avait été resolue affirmativement dans la
plupart des réponses soumises à l'examen de la Commission centrale, lors
de l'élaboration du premier recueil, notamment pour les arrondissements
de Saint-Malo, Fougères et Redon, et pour les villes de Hédé et de Janzé.
La même solution devait s'appliquer à Rennes, d'après la majorité des
réponses. Néanmoins, par suite de diverses objections, la consécration de
cette faculté s'est trouvée jusqu'ici ajournée. L'affirmative, cependant, ne

» étage fait l'escalier qui y conduit; le propriétaire du » second étage fait, à partir du premier, l'escalier qui » conduit chez lui, et ainsi de suite. » (C. N., art. 664.)

A Rennes, les réparations à faire aux maisons construites avant la promulgation du Code Napoléon se règlent, à défaut de convention contraire, conformément à l'art. 11 de l'Usement de Nantes (V. à la fin du Recueil).

Le Code n'a point fixé la manière de contribuer aux réparations des allées, portes, puits, cours, fosses d'aisance, aqueducs et autres choses communes, à l'égard desquelles il faut suivre les usages locaux (1).

Dans le département, la part incombant à chacun dans les réparations et reconstructions de ces divers objets se détermine en prenant pour base l'estimation portée à la matrice cadastrale, et, à défaut de matrice cadastrale, au marc le franc du revenu, à dire d'experts.

---

paraît pas douteuse. D'abord il ne faut pas conclure de ces termes de l'art. 664 du Code Napoléon : « *Chacun fait le plancher sur lequel il marche,* » que celui qui fait le plancher (et par conséquent les poutres et les soliveaux qui le soutiennent) en soit réellement et absolument propriétaire. Il s'agit en pareil cas, entre les intéressés, bien moins d'une attribution de propriété proprement dite et exclusive, que d'un réglement ou d'une répartition de dépenses résultant d'une *mitoyenneté* (Toullier, t. 3, n° 222), d'une *communauté de propriété* (Duranton, t. 5, p. 384), non seulement pour les gros murs et le toit, mais encore pour les escaliers, les *poutres,* etc. (Toullier, *loc. cit.*). Bien qu'il supporte la dépense des poutres et des soliveaux, le propriétaire de l'étage supérieur ne pourrait donc contester légalement au propriétaire de l'étage inférieur un droit de *mitoyenneté* ou de *communauté* sur ces objets, ni par conséquent la faculté d'y établir des plafonds. L'usage, de plus en plus général, des plafonds, loin de pouvoir nuire, paraît au contraire digne d'être encouragé, ne fût-ce que pour empêcher, entre les divers étages, la communication du bruit et celle des flammes, en cas d'incendie. (Note du Rédacteur.)

(1) Toullier, t. 3, n° 225.

2. — Les moulures, sculptures et autres ornements établis à l'extérieur des maisons, à l'exception des corniches qui, placées à l'extrémité supérieure des murs des façades, les défendent contre les infiltrations des eaux pluviales, sont à la charge du propriétaire de l'étage où ils se trouvent, sauf dans les rues et places où les réglements obligent de bâtir d'une manière uniforme (1). Dans ce cas, les sculptures et moulures, etc., sont, comme les gros murs, réparées par tous les propriétaires, chacun en proportion de l'étage ou de la portion d'étage qui lui appartient.

Les balcons, grands et petits, sont à la charge du propriétaire de l'étage où ils sont placés.

SECTION II. — *Des Chemins privés* (2).

42.

L'entretien et la réparation des chemins dits *de servitude*, établis pour le service des propriétés particulières, sont à la charge des intéressés, dans la proportion de l'avantage que chacun d'eux en retire.

A cet effet, on dresse d'accord un tableau de toutes les

---

(1) Comme cela a lieu à Rennes, pour la place du Palais, conformément à l'arrêt du Conseil d'Etat du 29 avril 1725.

(2) Il n'est ici mention que de la réparation des chemins privés, attendu que les chemins publics (routes impériales, départementales et les chemins vicinaux) sont régis par la loi.

Cependant il existe une catégorie de chemins publics qui, jusqu'à présent, ont été généralement laissés à l'écart ; ce sont les chemins conduisant de village à village, non déclarés vicinaux, appelés *chemins ruraux*. Ces chemins, à cause de leur utilité générale, devraient être à la charge des communes, mais celles-ci ne s'en occupent presque nulle part. Il y a plus : deux circulaires ministérielles, l'une du 24 juin 1836, l'autre du 16 novembre propriétés auxquelles le chemin est utile, afin de fixer la contribution de ces propriétés. S'il y a désaccord entre les intéressés, c'est à la justice ordinaire et non à l'administration que l'on a recours.

C'est également aux tribunaux qu'il appartient de rendre exécutoire le rôle qui fixe la contribution de chaque propriété et de juger les contestations auxquelles il peut donner lieu (1).

Quant aux chemins ruraux, il n'existe sur leur régime d'usage constant que pour les marais de Dol, intéressant 22 communes. D'après un usage immémorial confirmé par les réglements du syndicat, les propriétaires riverains ou leurs ayant-droit sont astreints au redressement des chemins de cette catégorie une fois et même deux fois chaque année, si le conducteur le prescrit ; de plus, à rejeter et à répandre sur la chaussée la moitié de la terre provenant du curage des douves.

En compensation, l'autre moitié du produit de ce curage appartient au riverain ; il a, en outre, le droit de planter d'arbres les bords de la douve, même sur le chemin, dont le sol, dépourvu de pierres, se trouve consolidé par les racines.

1839, prescrivent de n'employer à la réparation des chemins de cette catégorie aucune des ressources affectées aux chemins publics déclarés vicinaux.

Dans cet état de choses, il serait à désirer que les propriétaires intéressés, ou leurs fermiers, s'entendissent entr'eux pour contribuer à la réparation des chemins non déclarés vicinaux, de la même manière que pour les chemins de servitude.

(1) Toullier, t. 3, n° 498.

CHAPITRE VIII.

DU TOUR D'ÉCHELLE.

43.

1. — Les mots *tour d'échelle* s'appliquent à deux objets distincts ; ils servent également à désigner : 1° le droit de placer des échelles sur le fonds voisin pour les réparations à faire au mur de séparation ou aux bâtiments que porte ce mur ; 2° l'espace qu'un propriétaire laisse en dehors du mur dont est clos son héritage, afin de circuler autour de ce mur sans passer sur le terrain voisin. Cet espace s'appelle plus particulièrement *échellage*.

Il ne s'agit ici que de la servitude de tour d'échelle.

2.—Avant la promulgation du Code Napoléon, le droit du tour d'échelle constituait, dans toute l'étendue de la Bretagne, une servitude légale, conformément à l'art. 17 de l'Usement de Nantes, ainsi conçu :

« Quand aucun fait édifier ou réparer en son héritage, et
» ne le peut sans endommager son voisin, ou sans passer
» par sa maison et héritage, celui-ci est tenu de lui prêter
» et donner patience à ce faire, et lui souffrir que, par sa
» maison ou héritage, celui bâtisseur passe ses attraits,
» soit poultres, gouttières ou autres choses, si ledit bâtis-
» seur ne les peut commodément passer par ailleurs. Parce,
» toutefois, que l'édifiant est tenu réparer, rétablir et mettre

4

» a dû état à ses dépens, tout ce qu'il aurait rompu, dé-
» moli et gâté à sondit voisin. Et ne peut l'édifiant, pour
» raison de ce que dessus, acquérir droit ni possession
» contre, ni au préjudice de celui qui a donné ou souffert
» ladite patience. »

3.—La servitude de tour d'échelle étant au nombre des
servitudes discontinues, ne peut plus, depuis le Code Napoléon, être établie que par titres. (C. Nap., art. 691.)

4.— Mais elle continue de subsister pour les anciennes
constructions ou pour celles qui les ont remplacées; car la
servitude existant de plein droit, lors de la promulgation
du Code, il a suffi de l'exercer depuis pour la conserver (1).

(1) Un arrêt de la Cour de Rennes, rendu le 8 février 1828, dans un procès relatif à l'observation de l'art. 17 de l'Usement de Nantes, pour un canton compris dans le département d'Ille-et-Vilaine, vient à l'appui des règles
ci-dessus. « La Cour, considérant que la construction de l'étable qui ap-
» partient à Thérèse Gasse, femme de Julien Legros, dans la commune de
» Saint-Georges-de-Reintembault, à l'est d'une ruelle possédée par Fran-
» çois Delourme, est ancienne, puisque la couverture vient d'en être rétablie
à neuf ;

» Que l'Usement de Nantes, qui avait force de loi en Bretagne dans les
» cas non prévus par l'Usement de Rennes, si l'on excepte l'imprescriptibi-
» lité de quelques servitudes, oblige le voisin à laisser passer sur son héri-
» tage les matériaux et les autres objets qui peuvent être utiles au posses-
» seur du terrain contigu, pour construire ou réparer ses bâtiments ; que
» l'existence d'une ruelle et la coutume suivie par les ouvriers de campagne,
» qu'on ne voit jamais employer d'échelles volantes pour le travail néces-
» saire aux couvertures, annoncent que l'étable dont il s'agit a toujours été
» couverte au moyen d'une échelle placée sur le terrain de François De-
» lourme ;

» Que les servitudes établies en vertu d'un statut local sont maintenues
par l'art. 2 du Code civil, qui n'a disposé que pour l'avenir ;

» Que la femme Legros est donc autorisée à jouir du droit de tour d'é-
» chelle sur la ruelle de l'intimé, en réparant le dégât qu'elle pourrait
» commettre, etc. »

44.

1. — La largeur du terrain sur lequel peut s'exercer la servitude du *tour d'échelle*, lorsqu'elle n'est pas déterminée dans le titre, est fixée à un mètre dans le département, pour les maisons couvertes en ardoises, quelle que soit leur hauteur (1).

2. — Il n'existe d'exception que pour les cantons de Combourg et d'Antrain, où cette largeur est de 2 mètres (2).

3. — Quant aux maisons couvertes en chaume, la largeur du tour d'échelle est de 2 mètres à 2 m. 66.

45.

Lorsque la servitude de tour d'échelle n'existe pas, et que le mur touche sans moyen l'héritage d'autrui, le voisin est obligé de souffrir, moyennant indemnité, le passage sur son terrain des ouvriers et des matériaux pour les réparations indispensables et urgentes qui ne peuvent se faire par ailleurs.

––––––––––

(1) Acte de notoriété du 23 août 1701. — Toullier, t. 3, n° 563.

(2) Il résulte de nombreuses décisions de l'ancien siége de Bâzouges que le droit de tour d'échelle est de deux mètres. (Usages locaux de Fougères, p. 82.)

CHAPITRE IX.

DU DROIT DE PASSAGE (1).

SECTION I. — *Dimensions du passage.*

46.

1. — La loi n'a point déterminé quelle doit être la largeur affectée, suivant les cas, à l'exercice de la servitude de passage. Si le titre est muet sur ce point, on se conforme aux dimensions fixées par l'usage local. Cet usage est ainsi établi dans le département :

2. — La largeur déterminée pour l'exercice de la servitude du passage à *toutes fins* ou à *toute occurrence*, est de 26 décimètres dans les arrondissements de Rennes, Saint-Malo et Fougères, et de 3 mètres dans les arrondissements de Redon, Montfort et Vitré.

---

(1) « Le propriétaire dont les fonds sont enclavés, et qui n'a aucune issue
» sur la voie publique, peut réclamer un *passage* sur les fonds de ses voi-
» sins, pour l'exploitation de son héritage, à la charge d'une indemnité
» proportionnée au dommage qu'il peut occasionner. » (C. N., art. 682.)
« Tout voyageur qui déclora un champ pour se faire un *passage* paiera
» le dommage fait au propriétaire, à moins que le juge de paix du canton
» ne décide que le chemin était impraticable, et alors le dommage et les
» frais de clôture sont à la charge de la communauté. » (Loi du 6 octobre
1791, sect. 7, tit. 2, art. 41.) *Cum via publica ruina amissa est, vicinus*
proximus viam præstare debet. (D. 7, 4, 14, § 1.)

Dans les détours ou circuits, cette largeur doit être portée au double.

3. — La largeur du terrain affecté à l'exercice de la servitude de *passage à pied*, est de 1 mètre, excepté dans l'arrondissement de Saint-Malo, où cette largeur n'est que de 0 m. 66 c., s'il n'existe pas de clôtures des deux côtés.

4. — La largeur fixée pour le *passage avec civière* ou *brouette* est de 1 m. 33 c. dans les arrondissements de Rennes, Fougères, Vitré et Redon; de 1 à 2 mètres dans l'arrondissement de Montfort, et de 1 m. 16 c. dans l'arrondissement de Saint-Malo.

Le même espace est généralement adopté pour le passage avec chevaux non chargés.

5. — La largeur du passage affecté spécialement à la servitude de *puisage* est en général de 1 mètre, sauf dans les localités ci-après : de 1 m. 16 c. dans l'arrondissement de Saint-Malo; de 1 m. 33 c. dans les cantons de Château-giron, Hédé, Liffré, Louvigné-du-Désert, Antrain et La Guerche; de 1 m. 60 c. dans le canton de Retiers, et de 1 à 2 mètres dans l'arrondissement de Montfort.

SECTION II. — *Dispositions particulières.*

47.

Suivant l'art. 8 de l'Usement de Rennes, « celui qui veut » faire conduit pour cloaque ou eaux, pour arriver au con- » duit public, les voisins sur lesquels le chemin sera le » plus commode, seront tenus de souffrir *le passage*, sauf » à eux à se servir du conduit, et, en ce cas, faire les frais » dudit conduit en leur endroit. »

Cet article doit encore être observé; c'est une servitude légale fondée sur l'intérêt public.

48.

Lorsque plusieurs prés se desservent les uns par les autres, il est d'usage, conformément aux intérêts de l'agriculture, que l'exercice de la servitude soit suspendu depuis le 2 février jusqu'au 1er juillet; à cette époque, le propriétaire du pré à traverser doit fournir un passage suffisant pour l'enlèvement de la récolte.

49.

Dans l'arrondissement de Fougères, lorsqu'une servitude de prise d'eau existe sur un pré, pour l'irrigation d'un pré inférieur, l'usage est d'en suspendre l'exercice depuis le 15 mai jusqu'à la coupe des foins, et, au plus tard, jusqu'au 10 juillet (1).

La même servitude est également suspendue dans les cantons de Vitré et Argentré pendant tout le mois de juin.

50.

Outre le passage légal, l'usage a consacré le droit de passer sur le terrain du voisin pour la taille des haies, pour l'élagage des arbres et la récolte des fruits, comme il a été dit plus haut. (Art. 18, 25 et 27.) Le passage est également admis par l'usage pour les réparations indispensables et urgentes. (V. ci-dessus, art. 45.)

(1) Usages locaux de l'arrondissement de Fougères, p. 73.

CHAPITRE X.

DU PARCOURS, DE LA VAINE PATURE, DU GLANAGE
ET DE L'USAGE DES COMMUNAUX.

(Loi du 6 octobre 1791.) (1)

————

51.

1. — Le droit de *vaine pâture*, fondé sur un usage local immémorial, n'existe pas dans le département.

2. — Mais un usage qui présente une certaine analogie avec le droit de vaine pâture existe dans plusieurs communes de l'arrondissement de Redon et des cantons de Vitré, Argentré, Fougères, Antrain, Janzé, Châteaugiron et Rennes.

———

(1) « La servitude réciproque de paroisse à paroisse, connue sous le nom
» de *parcours*, et qui entraîne avec elle le droit de *vaine pâture,* continuera
» provisoirement d'avoir lieu, avec les restrictions déterminées à la présente
» section, lorsque cette servitude sera fondée sur un titre ou sur une pos-
» session autorisée par les lois et les coutumes ; *à tous autres égards, elle*
» *est abolie.* » (Art. 2, tit. 1er, sect. 4.)

    « Le droit de vaine pâture dans une paroisse, accompagné ou non de la
» servitude du parcours, ne pourra exister que dans les lieux où il est fondé
» sur un titre particulier, ou autorisé par la loi ou par un *usage local im-*
» *mémorial,* et à la charge que la vaine pâture n'y sera exercée que confor-
» mément aux règles et *usages locaux,* qui ne contrarieront point les ré-
» serves portées dans les articles suivants de la présente section.» (Art. 3.)

    « Les glaneurs, râteleurs et les grapilleurs, *dans les lieux où les usages*
» *de glaner, de râteler ou de grapiller sont reçus,* n'entreront dans les
» champs, prés et vignes récoltés et ouverts, qu'après l'enlèvement entier
» des fruits. » (Art. 21, tit. 2.)

Dans le cas où certains domaines ou prairies ne sont divisés que par des bornes, il est d'usage que les bestiaux appartenant à chaque propriétaire puissent paître indifféremment sur la totalité, sans égard à la différente étendue de terrain appartenant à chacun d'eux.

L'exercice de cette espèce de vaine pâture est suspendu, notamment dans les cantons de Fougeray-le-Grand et de Pipriac, à compter du moment où les champs sont ensemencés en totalité ou en partie jusqu'à l'enlèvement de toutes les récoltes.

On ne peut s'y soustraire sans se clore, sous la réserve de laisser aux ayant-droit les passages nécessaires par l'endroit où le trajet est à la fois le plus court et le moins dommageable. (C. N., art. 683 et 684.)

52.

Le *râtelage* et le *grapillage* ne sont établis nulle part comme un droit, et ne sont exercés que par tolérance.

Le *glanage* s'exerce dans les conditions et sous les peines déterminées par le Code pénal (art. 471, n° 10).

53.

A défaut d'un réglement de l'autorité locale qui la permette, la culture des landes communales n'a lieu nulle part à titre gratuit et individuel.

54.

1. — Dans les arrondissements de Saint-Malo, Redon et Montfort, et dans le canton de Saint-Aubin-du-Cormier, les habitants sont dans l'usage de mottoyer, de couper de la

bruyère et de faire paître leurs bestiaux sur les landes communales non affermées.

2. — Dans le canton de Liffré, les habitants y coupent
seulement de la bruyère, et y font paître leurs bestiaux.

Dans plusieurs autres cantons, et spécialement dans celui de Rhetiers, une rétribution est payée par tête de bétail
pour le pacage, qui emporte la faculté de couper de la
bruyère.

55.

1.— Dans la plupart des communes du département où il
existe des terrains communaux, les habitants en extraient
sans rétribution de la pierre et du sable, soit d'une manière générale, soit seulement pour la construction et la
réparation de leurs édifices.

Cette extraction a lieu d'une manière générale dans l'arrondissement de Montfort et dans le canton de Liffré. Le
même usage existe moyennant rétribution dans le canton
de Hédé.

Il est restreint à la construction et à la réparation des édifices, dans l'arrondissement de Redon, dans quelques parties du canton de Saint-Aubin-du-Cormier et dans la commune de Coësmes, comprise dans le canton de Rhetiers.

2. — Dans aucun cas, l'usage ne permet d'extraire des
matériaux pour les vendre (1).

---

(1) Les usages mentionnés aux art. LIV et LV sont le résultat de la tolérance municipale, et ne sauraient constituer un droit.

CHAPITRE XI.

DES RIVIÈRES NON NAVIGABLES ET DES COURS D'EAU.

56.

1. — La loi du 14 floréal an XI se réfère aux *réglements et usages locaux*, relativement à la direction, à la construction et au curage des canaux et rivières non navigables.

Il n'existe aucun réglement général sur ce point dans le département. Mais il a été pris récemment, par l'autorité préfectorale, des arrêtés spéciaux au sujet du curage d'un grand nombre de cours d'eau (1).

Le mode de procéder le plus généralement prescrit en pareil cas, est celui-ci :

Sur le vu des rapports et des plans dressés par MM. les ingénieurs, le Préfet détermine, par un arrêté, l'époque du commencement et de l'achèvement du curage. Cet arrêté est publié dans chacune des communes sur le territoire desquelles le cours d'eau a son parcours. Au jour indiqué pour l'ouverture des travaux, un agent de l'administration se transporte sur les lieux, afin de diriger l'opération.

Conformément à l'usage local, les frais de curage sont à la charge des propriétaires riverains, chacun en droit soi,

---

(1) Notamment pour les rivières d'Ardaines, d'Ille, de Nançon, d'Yaigne et pour les ruisseaux de Blosne, du Chesnay, de Cornillé, de Couarde, de Cussé, de la Hussonnière, de Mortrais, de Resnel, de Talu, de Teslé, etc. Presque tous les arrêtés relatifs à ces cours d'eau portent la date de 1858. Les curages de plusieurs autres cours d'eau sont actuellement en voie d'exécution ou d'instruction.

jusqu'au milieu de la largeur du lit. Le propriétaire des deux rives est obligé au curage sur toute la largeur du cours d'eau. Le propriétaire d'une seule rive ne doit le curage que sur la moitié seulement, sauf les droits, conventions et servitudes contraires.

Le curage comprend les travaux nécessaires pour ramener le cours d'eau à sa largeur et à sa pente naturelles, l'élargissement des parties trop étroites et la rectification des courbes et des angles saillants, le faucardement général des herbes, joncs et roseaux, et l'enlèvement des arbres, buissons, branches et souches susceptibles de nuire au libre cours des eaux.

Les déblais doivent être rejetés sur chaque rive, à un mètre au moins de distance des bords.

La pêche est expressément interdite pendant toute la durée du curage.

A défaut d'exécution par les riverains dans les délais prescrits, les travaux sont exécutés en régie aux frais des retardataires. Le rôle de la dépense est rendu exécutoire, et le recouvrement s'en opère de la même manière que celui des contributions publiques (1).

2. — Les canaux établis dans les marais de Dol sont régis par des lois et des réglements particuliers.

(1) Durant l'ancien système, lorsque l'Administration croyait devoir encore s'en référer à l'initiative des intéressés, chacun voyait le mal, entrevoyait aussi plus ou moins le remède, mais les obstacles surgissaient en foule quand il fallait en venir à l'application. L'opération du curage ne pouvant être efficace qu'à la condition d'être effectuée avec ensemble, à la profondeur et avec les pentes nécessaires au libre cours des eaux, le concours simultané des intéressés et de plus une direction intelligente des travaux étaient nécessaires, et cette double condition n'était que rarement remplie. Les cours d'eau demeuraient pour la plupart obstrués, et les eaux

57.

1. — Les anciens arrêts du Parlement de Bretagne et les arrêtés du Préfet d'Ille-et-Vilaine défendent d'une manière absolue de faire rouir les lins et chanvres dans les eaux courantes, les étangs, et dans aucun des lieux destinés à abreuver les bestiaux.

2. — Les lins et chanvres doivent être déposés dans des mares ou douves, de manière qu'il n'y ait point de communication avec les fontaines, les abreuvoirs, ni les eaux courantes (1).

se répandant au hasard, des champs se trouvaient inondés et transformés en marécages, tandis que d'autres, par suite du défaut d'irrigation, restaient desséchés et stériles. Pour obvier à ce double inconvénient et donner aux eaux un cours et une distribution plus conformes aux intérêts agricoles, l'intervention de l'Administration devenait indispensable. Les sages mesures adoptées par l'Autorité préfectorale ont eu pour résultat de vaincre la déplorable routine et l'inertie des riverains, et toute entrave a disparu au moyen d'un fonds spécial de roulement voté par le Conseil général pour les avances à faire aux ouvriers dans les cas de mise en régie. Il va sans dire que l'intervention de l'autorité a produit les meilleurs résultats et a été accueillie partout avec les plus vives sympathies. Les avantages résultant d'une bonne distribution des eaux seraient incalculables. C'est le but vers lequel tend en ce moment l'Administration.

L'état actuel des *chemins ruraux* ne pourrait-il pas, dû qu'il est aux mêmes causes, céder aussi à des remèdes identiques?

Nous devons à l'obligeance de M. Juloux, chef de la division des travaux publics à la préfecture d'Ille-et-Vilaine, les renseignements qui ont servi d'éléments à ce résumé sur le régime des cours d'eau dans le département. MM. les chefs des autres divisions ont mis une bienveillance égale à nous communiquer, sur d'autres matières, les documents rentrant dans leurs services respectifs.

(1) Arrêt du Parlement de Bretagne du 26 juin 1782. — Arrêtés du Préfet d'Ille-et-Vilaine des 5 thermidor an XIII et 8 juillet 1825. — Code de police de Rennes, art. 1343.

58.

1. — « En cas de disette d'eau, il sera, à la diligence
» des officiers de police de Rennes, envoyé un commissaire
» de police aux étangs de Paintourteau, Boulen, Grand-
» Houé, et où besoin sera, pour, nonobstant tous empê-
» chements quelconques, y prendre la quantité d'eau
» nécessaire pour faire moudre les moulins situés sur les
» rivières d'Ille-et-Vilaine, et les propriétaires ou fermiers
» des étangs seront dédommagés, ainsi qu'il sera vu ap-
» partenir par les autorités de droit. » (Arrêt de réglement
du Parlement de Bretagne du 11 août 1781.)

2. — En vertu d'anciens usages, la municipalité fait
l'avance du prix d'achat (1). La répartition de ce prix a lieu
ensuite entre les meûniers, eu égard à l'avantage que chacun d'eux retire de l'achat d'eau, d'après la situation de
son moulin, l'étendue de son étang et de son bief, la valeur dudit moulin d'après les baux qui sont représentés, les
pièces de terre qui sont affermées en même temps que les
moulins (2).

---

(1) Une lettre du Ministre de l'Intérieur, adressée au Préfet d'Ille-et-Vilaine, en date du 18 septembre 1819, porte que « ce qui s'observait autre-
» fois, en vertu des arrêts du Parlement, doit se faire aujourd'hui. C'est
» dans l'intérêt principal de la ville, et subsidiairement dans celui des meû-
» niers, que les moyens de faire tourner leurs moulins ont été achetés. La
» ville ne peut se dispenser, *suivant l'ancien usage*, de faire l'avance du
» prix d'achat, etc. »

D'après un arrêté de l'Administration d'Ille-et-Vilaine, du 9 brumaire
an II, l'indemnité due aux propriétaires des étangs était « de 100 livres par
» pied, *suivant les usages anciens et accoutumés*, etc. »

(2) Arrêté du Conseil de Préfecture, du 15 mai 1819. — Jugement du tribunal civil de Rennes, du 15 juin 1821.

CHAPITRE XII.

DE LA PÊCHE FLUVIALE.

Arrêté réglant l'exercice de la pêche fluviale dans le département.

59.

Nous, Préfet d'Ille-et-Vilaine, chevalier de la Légion-d'Honneur,

Vu la loi du 15 avril 1829, relative à la pêche fluviale ;

Vu les art. 5, 6, 7 et 8 de l'ordonnance royale du 15 novembre 1830 ;

Vu le décret impérial du 10 décembre 1853, portant homologation d'un réglement d'administration locale, en date du 21 octobre même année, pour l'exercice de la pêche fluviale dans le département d'Ille-et-Vilaine ;

Vu la délibération par laquelle le Conseil général d'Ille-et-Vilaine demande la révision du réglement du 21 octobre 1853 ;

Vu les propositions faites par MM. les sous-préfets et par M. le conservateur des eaux et forêts ;

Vu les observations de MM. les ingénieurs des ponts-et-chaussées ;

Vu l'avis émis par le Conseil général dans sa séance du 29 août dernier ;

Arrêtons :

Art. 1er. — La pêche est interdite, sous les peines portées à l'art. 27 de la loi du 15 avril 1829, pendant le temps de frai pour les poissons stationnaires, savoir : depuis le 1er avril jusqu'au 1er juin pour les ables ou ablettes, barbeaux, brêmes, carpes, tanches, gardons, goujons, loches, meuniers ou chevannes, ombres, perches rousses ou rossards, pléaux, vérons ou verdons ;

Du 1er mars au 1er mai, pour les dards ou vaudoises ;

Du 1er octobre au 1er février, dans le Couësnon et autres rivières ou cours d'eau où la truite existe.

Art. 2. — Hors le temps de frai, elle est interdite sous les mêmes peines, depuis le coucher jusqu'au lever du soleil. Néanmoins, la levée des engins permis, que les pêcheurs tendent le soir pour les laisser la nuit en rivière, peut se faire une demi-heure avant le lever du soleil.

Art. 3. — Quant à la pêche des poissons voyageurs (saumons, aloses, lamproies), et de l'anguille, elle pourra s'exercer toute l'année, mais depuis le lever jusqu'au coucher du soleil seulement, sauf l'exception mentionnée au dernier paragraphe de l'article précédent.

Art. 4. — Sont défendus, sous les peines portées par l'art. 24 de la loi du 15 avril 1829 :

1° Tous les coffres, paniers, sacs et autres appareils quelconques établis aux écluses et aux déversoirs des moulins, ainsi qu'aux débouchés des fossés qui, dans les hautes eaux, sont remplis par les rivières et ruisseaux avec lesquels ils sont en communication;

2° Tous les barrages permanents ou temporaires établis dans le but d'arrêter le passage du poisson, de le cerner ou de le mettre à sec.

Seront considérés comme tels les barrages qui ne laisse-
raient pas, à l'endroit où l'eau a le plus de profondeur, une
ouverture de 2 mètres 50 centimètres au moins, où il ne
pourra être établi aucun coffre, panier ou appareil de
pêche, de quelque nature qu'il soit, ni aucun objet pour
faire obstacle au passage du poisson.

ART. 5. — Seront détruits, sans aucun délai, par ceux
qui les ont construits ou leurs ayant-droit, tous barrages
ou pêcheries ayant pour but d'arrêter entièrement le passage du poisson.

ART. 6. — Sont défendus, sous les peines déterminées
par les art. 25 et 28 de la loi du 15 avril 1829, les procé-
dés ou modes de pêche suivants :

1° Au feu et au miroir ;

2° A la fouane, au trident, à la fourche, au dard et au
harpon ;

3° En bouillant ou en brouillant l'eau avec chaînes, cli-
quettes, rabots, bouilles, etc. ;

4° La pêche sous la glace ;

5° La pêche à la main ;

6° En plaçant au milieu de l'eau des filets ou appareils
formant barrage d'un bord à l'autre et empêchant complè-
tement le passage du poisson;

7° La pêche pour laquelle on fait usage de noix vomique,
chaux, momie, coque du Levant, musc, et de toutes autres drogues ou liquides pour servir d'appât, enivrer ou
empoisonner le poisson.

ART. 7. — Sont prohibés, sous les peines prononcées
par les art. 28 et 29 de la loi du 15 avril 1829, conformément à l'ordonnance royale du 15 novembre 1830, et sauf
les exceptions énoncées à l'art. 8 du présent réglement :

1° Les filets traînants, ce qui comprend la seine, le traîneau et l'épervier ;

2° Les filets dont les mailles carrées, sans accrues, et non tendues ni tirées en losange, auraient moins de 30 millimètres après que le filet aura séjourné dans l'eau ; tels sont, en général, les filets à poches, connus sous le nom de tresselles, tramail, verveux, tambours, ruffles, ancreaux, gonneaux, trubles, etc. ;

3° Les bires, nasses, bosselles ou autres engins dont les verges en osier ou en jonc seraient écartées de moins de 8 millimètres ;

4° Les lignes de fond, dites bricoles.

ART. 8. — Sont néanmoins autorisés :

Pour la pêche des poissons voyageurs (saumons, aloses, etc.), la seine à maille carrée de 83 millimètres ;

Pour la pêche des goujons, ablettes, loches, vérons, vaudoises, et autres poissons de petite espèce, les filets dont les mailles auront 15 millimètres de largeur, les nasses d'osier ou de jonc, et les autres engins dont les baguettes ou verges seront écartées de 15 millimètres au moins.

ART. 9. — Ne pourront être pêchés en aucune saison et seront, sous les peines portées à l'art. 30 de la loi du 15 avril 1829, rejetés immédiatement à l'eau, savoir :

1° Les saumonneaux, aloses, truites, carpes, barbeaux, brêmes, meuniers, chevannes et ombres ayant moins de 160 millimètres entre l'œil et la naissance des nageoires de la queue ;

2° Les tanches, perches, gardons, loches, dards ou vaudoises, rousses ou pléaux, et autres poissons crois-

5

sants ayant moins de 135 millimètres entre l'œil et la naissance des nageoires de la queue.

ART. 10. — La combinaison des art. 27 et 39 de la loi du 15 avril 1829 et 62 du Code pénal, permet de considérer comme auteurs ou complices des contraventions aux prohibitions contenues dans le présent réglement, ceux qui vendraient, exposeraient en vente ou transporteraient des poissons qui, d'après leur dimension, auraient dû être rejetés à l'eau, ou des poissons pris en saison prohibée.

ART. 11. — Sous les peines portées par l'art. 31 de la loi du 15 avril 1829, les pêcheurs ne pourront appâter leurs hameçons, nasses, filets et autres engins avec les espèces de poissons désignées en l'art. 9 ci-dessus, lorsque ces poissons n'auront pas les dimensions voulues.

Néanmoins, il leur est permis d'appâter leurs hameçons, filets, nasses et autres engins de pêche avec des poissons de petite espèce, tels que goujons, ables ou ablettes, vérons, loches, etc.

En préfecture, à Rennes, le 19 décembre 1856.

Le Préfet d'Ille-et-Vilaine,

T. PASTOUREAU.

DÉCRET.

NAPOLÉON, par la grâce de Dieu et la volonté nationale, Empereur des Français,

À TOUS PRÉSENTS ET A VENIR, SALUT :

Vu le décret impérial du 10 décembre 1853, portant homologation d'un réglement d'administration locale, en date du 24 octobre précédent, pour l'exercice de la pêche fluviale dans le département d'Ille-et-Vilaine ;

Les art. 26, 27, 28, 29 et 30 de la loi du 15 avril 1829 sur la pêche fluviale ;

L'ordonnance royale du 15 novembre 1830, rendue en exécution de ladite loi ;

Vu l'arrêté du Préfet d'Ille-et-Vilaine, en date du 19 décembre 1856, ayant pour objet de modifier et refondre le règlement en vigueur sur l'exercice de la pêche ;

Les observations et l'avis du Conseil général dudit département ;

Les observations et l'avis de l'administration des forêts ;

Sur le rapport de notre Ministre Secrétaire d'Etat au département des finances,

AVONS DÉCRÉTÉ ET DÉCRÉTONS CE QUI SUIT :

ART. 1er. — Le règlement d'administration locale pour l'exercice de la pêche, arrêté par le Préfet d'Ille-et-Vilaine, le 19 décembre 1856, est homologué et rendu exécutoire dans toute l'étendue de ce département.

ART. 2. — Le décret impérial du 10 décembre 1853 est rapporté.

ART. 3. — Notre Ministre Secrétaire d'Etat au département des finances est chargé de l'exécution du présent décret.

Fait au camp de Châlons, le 6 septembre 1857.

NAPOLÉON.

Par l'Empereur :

Le Ministre Secrétaire d'Etat au département des finances,

P. MAGNE.

TITRE DEUXIÈME.

DE LA VENTE.

CHAPITRE PREMIER.

USAGES DIVERS (1).

SECTION I. — *Bois de chauffage.*

60.

4. — Le bois de chauffage se vend généralement au stère, et le plus souvent par quantités de trois stères, équivalant à peu près à l'ancienne *corde*.

2. — Pour que le gros bois soit considéré comme *loyal et marchand*, l'usage n'admet qu'une souche ou racine par stère, ou quatre au plus par triple stère, selon la grosseur.

Les racines ne doivent point entrer au surplus dans ladite mesure, au-delà de la proportion d'un cinquième.

3. — Néanmoins, cet usage ne peut être invoqué que

(1) Les usages de commerce, spécialement en ce qui concerne la tare, les époques de livraisons et les délais pour le paiement, sont indiqués dans le chapitre II ci-après.

dans le cas où l'acheteur n'a pas vu et agréé le bois au moment de la vente, et qu'il est seulement convenu de payer la mesure un prix déterminé.

4. — Lorsque l'acheteur ne s'en rapporte pas au vendeur sur l'exactitude de la mesure, et fait procéder chez lui à un second mesurage, il en supporte les frais.

5. — A défaut de stipulation contraire, les droits d'entrée sont acquittés par le vendeur au nom des destinataires. Ces droits sont en général tacitement compris dans le montant du prix de vente.

6. — Le même usage s'observe pour les *fagots*, le cidre, etc. (1).

SECTION II. — *Ventes à la mesure.*

61.

1. — Les denrées qui, dans le département, se vendent à la mesure, sont : le froment, le sarrasin et les autres céréales, les graines de chanvre et de lin, les pommes et

---

(1) Dans certains charrois, et particulièrement dans ceux du bois de chauffage et du cidre, les charretiers ont généralement coutume de demander, et il est rare qu'on leur refuse, une rétribution qui est ordinairement de 25 centimes, sous la dénomination de : *pour le garçon.* On donne aussi quelquefois ce qu'on appelle *la décharge,* c'est-à-dire à boire et à manger. Mais l'usage, à cet égard, n'est nulle part assez constant pour ériger en obligation une gratification qui dépend exclusivement de la générosité du destinataire.

Les fermiers considérant cette coutume comme un usage constant, n'ont pas peu contribué à la propager, en accordant à leurs domestiques, au moment où ils les gagent, un certain nombre de ces charrois dans l'année, sauf à les faire payer par le destinataire. Il en est de cette coutume comme de beaucoup d'autres, qui, surtout dans les campagnes, ne sont souvent que des abus, qu'il importe d'abolir, en les signalant comme tels.

poires à cidre, les pommes de terre, les oignons, châtaignes, fèves, pois, haricots, etc., les engrais pulvérulents.

L'usage de mesurer *comble*, ou d'accorder en sus de la mesure un certain nombre d'unités ou de fractions d'unités, sans stipulation, n'est pas généralement suivi : Il n'existe que dans les localités ci-après, et encore est-il restreint à certaines denrées seulement.

2. — Dans l'arrondissement de Rennes, les pommes et poires à cidre, les pommes de terre et oignons se mesurent *comble*.

Il n'est rien accordé en sus de la mesure dans la vente des grains et graines sur les marchés publics ; mais dans les ventes qui ont lieu directement au domicile du vendeur, il est d'usage d'accorder en sus de la mesure 1/8 *comble* par deux hectolitres (ce qu'on appelle dans le pays une *somme*) de froment, seigle, orge, avoine ou blé-noir.

Mais cet usage est très-variable, et tend de plus en plus à se restreindre, particulièrement pour les céréales.

Dans le canton de Liffré, les pommes et les poires se vendent le plus souvent à la mesure ou boisseau qui est invariablement du poids de 30 kilogrammes.

3. — Dans l'arrondissement de Saint-Malo, l'usage de la vente au poids tend à se généraliser spécialement en ce qui concerne les céréales, les graines diverses, les légumes secs, les pommes de terre et les châtaignes. Ce mode de vente, qui est même actuellement le seul usité dans le canton de Saint-Malo, s'étend aux pommes et poires à cidre, qui se vendent aussi à la barrique de 208 kilogrammes, tout compris. Dans le canton de Combourg, la vente à la barrique consiste dans une mesure de capacité de

300 litres. Ce mode de vente, dans le canton de Pleurtuit, ne comporte que 240 litres.

Dans le canton de Saint-Malo et dans la majeure partie de cet arrondissement, il est d'usage d'accorder en sus du poids payable :

Pour les céréales, le chanvre, le lin et les pois . . 1 0/0

Pour les graines oléagineuses 4 0/0

Pour les pommes de terre et les pommes à cidre 4 0/0

A Combourg, les pommes de terre et les châtaignes, les cendres et les suies se mesurent *comble*. Il en est de même des pommes et poires à cidre, pour lesquelles l'usage est de donner 5 0/0 en sus du nombre convenu.

Dans le canton de Dol, il n'est rien accordé pour les céréales au-delà du chiffre déterminé par la convention.

Dans les cantons de Tinténiac et Châteauneuf, l'usage de la mesure comble n'est guère observé que pour les pommes et poires à cidre, les pommes de terre et châtaignes.

4. — Dans l'arrondissement de Fougères, la mesure a lieu rase pour les céréales, et comble pour les pommes, poires, noix, châtaignes, pommes de terre, cendres, suies, etc.

5. — Dans les cantons de Vitré et d'Argentré, l'usage de la mesure comble n'a lieu que pour les pommes à cidre, les pommes de terre, les oignons et les châtaignes.

Dans le canton de Châteaubourg, on donne un décalitre comble par double hectolitre, pour le froment et le sarrasin.

Dans le canton de Rhetiers, les pommes, les châtaignes, navets, betteraves, pommes de terre et l'avoine se mesurent comble. Le blé-noir se mesure mi-comble.

6. — Dans l'arrondissement de Redon, l'usage est de donner 5 p. 100 dans la vente des pommes et de l'avoine.

A Pipriac, la mesure comble ne s'applique qu'aux pommes et poires et aux pommes de terre.

7. — Dans l'arrondissement de Montfort, il n'est rien accordé au-delà de la mesure, sans convention expresse, sauf dans le canton de Bécherel où la mesure comble est usitée, mais seulement pour les pommes et poires à cidre, les pommes de terre, les oignons, les châtaignes, les pois, les fèves et la *poudrette*.

62.

Dans plusieurs localités, notamment dans les cantons de Janzé, Châteaubourg et Rhetiers, certaines denrées se vendent très-fréquemment *à la fourniture*. Dans ce genre de marché, le vendeur donne 21 unités pour 20, qui en outre doivent être mesurées comble, si tel est l'usage du lieu.

SECTION III. —*Vente au Mille, au Cent, à la Douzaine.*

63.

1. — Certaines denrées se vendent au mille, d'autres au cent, d'autres à la douzaine.

1° *Au mille :* (ou aux 100 bottes de 5 kil.) le foin, la paille.

2° *Au cent :* les fagots, les *glaines* (fagots de bouleau ou de genêts pour le four), les gros fruits, les châtaignes, les huîtres, les noix.

3° *A la douzaine :* les gros fruits, les huîtres, les harengs, les sardines, les œufs.

2. — L'usage est de donner pour ces divers objets le nombre d'unités ci-après, en sus de celui dont on est expressément convenu.

1° Pour le foin et la paille : 5 bottes de 5 kilog. par 500 kilog., et 4 seulement dans l'arrondissement de Saint-Malo ;

2° Pour les objets se vendant au cent, 5 p. 100. Cependant, dans l'arrondissement de Saint-Malo, on ne donne, pour les huîtres, que 4 p. 100 ;

3° Pour les objets se vendant à la douzaine, on donne un douzième en sus, appelé *trézain*. Dans quelques localités, comme à La Guerche et à Janzé, on donne même 14 unités pour 12 ; néanmoins, le trézain n'est donné, pour les œufs, que dans l'arrondissement de Redon, dans les cantons de Saint-Aubin-d'Aubigné, Combourg, Antrain, Argentré et dans la commune de Martigné-Ferchaud.

3. — Dans le canton d'Antrain, l'usage est de donner 104 p. 100 pour le bois de sciage.

64.

1. — Dans la vente des jeunes arbres au cent ou au mille, il est d'usage, dans les arrondissements de Rennes, Fougères et Redon, de donner 5 arbres par 100 en plus du nombre expressément convenu. Cet usage a lieu pour toute espèce d'arbres fruitiers, forestiers ou de décoration.

2. — Dans l'arrondissement de Saint-Malo, moins le canton de Combourg, et dans l'arrondissement de Vitré, les 5 unités sont données seulement pour les jeunes plants de pépinière, quelle qu'en soit l'essence.

3. — Dans l'arrondissement de Montfort, il n'est rien accordé outre le nombre convenu, sans stipulation expresse.

SECTION IV. — *Pesage et Mesurage.*

65.

Les frais de pesage et de mesurage, étant compris au

nombre des frais de délivrance, sont de droit à la charge du vendeur.

Cependant, dans quelques localités, ces frais sont, pour certaines denrées, à la charge de l'acheteur. Ainsi, dans les cantons de Bain, Le Sel et Janzé, c'est l'acheteur qui paie le pesage du beurre. C'est également l'acheteur qui, dans les deux premiers de ces cantons, paie le mesurage du blé et des autres céréales.

SECTION V. — *Frais des ventes mobilières.*

66.

1. — Dans les ventes volontaires aux enchères d'effets mobiliers, l'usage est, dans le département, que l'acheteur ne supporte aucuns frais, si le contraire n'a été expressément annoncé à l'ouverture de la vente, ou affiché dans le local où elle a lieu.

2. — Cette règle reçoit exception dans le canton de St-Malo, où l'acheteur paie 5 p. 100 en dehors du montant de son adjudication; dans les arrondissements de Montfort et de Fougères et dans les cantons de Vitré, Argentré, Châteaubourg, Rhetiers, Combourg, Liffré, Janzé, Fougeray-le-Grand et Saint-Aubin-d'Aubigné, où l'adjudicataire paie au crieur ou *encanteur* un pourboire qui n'est jamais au-dessous de 0 fr. 05 c., et qui s'élève quelquefois à 25 centimes et même à 1 franc, pour chaque article adjugé, suivant sa valeur. Dans le canton de Pipriac, le pourboire est fixé à 0 fr. 05 c. pour chaque objet au-dessous de 10 fr., et à 10 c. pour chaque objet d'un prix supérieur.

67.

A défaut de convention, le droit de commission dû aux

marchands-revendeurs, pour les achats d'objets mobiliers effectués par leur intermédiaire dans les ventes publiques, est de 5 p. 100 du prix d'adjudication.

SECTION VI. — *Vente de Chevaux, Anes, etc.*

68.

1. — Il est d'usage, particulièrement dans les ventes en foire, d'essayer les chevaux, ânes, mulets et bœufs, suivant leur destination, avant d'en faire l'achat ; l'on trait les vaches et les chèvres.

L'acheteur n'est lié qu'après avoir essayé et agréé l'animal, et, jusqu'à ce moment, il est toujours libre d'en débattre le prix.

2. — L'essai ne peut plus avoir lieu après le paiement.

3. — Il est également d'usage d'essayer les voitures.

69.

1. — Dans les foires du département, celui qui vend une vache, une génisse, un taureau, laisse à l'acheteur la corde ou *nâche*, servant à conduire et attacher ces animaux. Pour les porcs, on laisse également la corde ou *hart* qui sert à les tenir. Pour les chevaux, ânes et mulets, on n'est tenu de fournir qu'un licol de sangle, d'une valeur moyenne de 75 centimes.

2. — Le joug des bœufs, à défaut de convention, reste toujours au vendeur (1).

SECTION VII.—*Choses qu'on est dans l'usage de goûter.*

70.

1. — Au nombre des choses qu'il est d'usage de goûter,

(1) Arrêt de la Cour de Rennes du 18 juillet 1820.

avant d'en faire achat, et pour lesquelles il n'y a point de vente, tant que l'acheteur ne les a pas goûtées et agréées (Code N., art. 1587), il faut comprendre; outre les vins et vinaigres et les huiles comestibles, le cidre, la bière, et toutes les boissons en général; le beurre, l'axonge ou sain-doux, les fromages, les sucres et certaines épiceries.

2. — Lorsque le cidre est vendu *sur lie*, il n'y a lieu à réduction du prix que dans le cas d'un excédant de 10 litres de lie par 230 litres.

SECTION VIII.—*Objets dans la vente desquels le tonneau ou vase se trouve compris.*

71.

1. — A défaut de convention, le tonneau se trouve taci-tement compris dans la vente des boissons et liquides ve-nant de l'extérieur, comme les vins et vinaigres, les huiles, les spiritueux en cercle, etc., à la condition qu'il soit au moins d'une contenance de 2 hectolitres 28 litres.

Il en est de même pour le miel.

Quant aux boissons que produit le pays, comme le cidre, le poiré, la bière, l'hydromel, le tonneau ne reste jamais à l'acheteur, sans stipulation expresse.

2. — Dans les communes du canton de Bécherel, et dans divers autres lieux, le beurre assaisonné ou beurre *fort* se vend par quantité de 14 à 15 kil. (beurre et vase en terre compris), à la condition que le poids du vase n'excède pas 4 kilog.

CHAPITRE II.

USAGES DU COMMERCE.

SECTION I.

TARIF DES USAGES OBSERVÉS SUR LA PLACE DE RENNES.

72.

§ 1er. — *Denrées et marchandises provenant de tout*
autre point que du département.

AMANDES A LA DAME, en balles de 150 kil., double emballage avec paille, 4 0/0 de tare.

    Id.   en barriques, tare écrite ou réelle.

BOUGIE STÉARIQUE en paquets de 485 gr. net, sous enveloppe de 15 gr., à 30 jours.

CACAO. . . Saint-Domingue, en baril, tare écrite.

    Id.   Maraguon, Caraque et autres sortes, en sacs,
2 0/0.

CANELLE. . de Chine, en caisse, tare écrite.

CAFÉ. . . . Bourbon, double emballage, 2 kil. 5 h. Par
balle, Nantes donne 2 kil. 5, Saint-Malo, 2.

    Id.   Havane, en sacs d'origine, 3 0/0.

    Id.   toute provenance, en sacs de toile, 2 0/0.

    Id.   en boucauts et barils, tare écrite et vérifiée.

DRAPERIE ET ROUENNERIE, comptant ou trente jours et
5 0/0 escompte, soit six mois sans esc.

FRUITS SECS. En caisses et barils, tare écrite, peu exacte,
désavantageuse.

FROMAGE. . Gruyère, se vend sur poids net.

    Id.   Hollande et croûte rouge, se vend sur poids net.

GIROFLE. . de Bourbon, double emballage, 2 kil. 5 par balle, 1 kil. de plus pour le 3ᵉ emballage.

Id. de Cayenne, en baril, tare écrite.

GRAINE DE LIN, du Nord, en sacs de 100 kil. net, toile perdue.

HUILE. . . d'olive, en pièces, 1/2 pièces et chenettes; plâtrées, 20 0/0, non plâtrées, 18 0/0.

HUILE. . . d'œillette, se vend au baril de 100 litres, qui doivent peser net 91 kil.

Id. de rabette, lin et autres huiles de graines, en barils ou barriques, tare écrite.

MERCERIE ET BONNETERIE, à trois mois et 5 0/0 escompte ou six mois sans escompte, emballage facturé.

MORUE. . . toute provenance, sur poids net ; Saint-Malo accorde 4 0/0.

POIVRE. . . Sumatra et autres, en sacs, simple emballage, 2 0/0.

Id. lourd, double emballage, balle de 150 kil., 3 0/0.

Id. lourd, en robins, bourbes ou citrouilles, 2 kil. pour chaque.

QUINCAILLERIE, à trois mois et 5 0/0 escompte ou six mois sans escompte, emballage facturé.

Id. (*Grosse*), à quatre et six mois, emballage facturé.

RÉSINE. . . au poids réel, à trente jours pour comptant.

RIZ. . . . . Caroline, en futailles, 12 0/0.

Id. de l'Inde, en sacs, 2 0/0.

SARDINES . *pressées*, au *baril*, à trois mois ou 2 0/0.

SAVON. . . en caisse, tare écrite, avec un trait proportionné à la fausse tare.

Sel. . . . . non emballé, poids réel, au comptant.

Sucre brut. Martinique, Guadeloupe et Cayenne, en barriques, 17 0/0, en quarts, 20 0/0.

Sucre terré. Martinique , Guadeloupe , en barriques , 13 0/0, en quarts, 15 0/0.

Id.　　Bourbon, double emballage, 8 0/0. Nantes donne aussi 8; Saint-Malo, 8.

Id.　　Havane, en caisse, 15 0/0. (Le droit sur cette sorte équivaut à une prohibition.)

Sucre terré. en pains ; de 2 à 6 0/0, suivant le poids du papier qui l'enveloppe.

Thé. . . . de Chine, en 1/4 de caisse, ⎫ tare vérifiée. Les caisses
Id.　　　　»　　en 1/8　　» ⎬ et 1/2 c. sont in-
Id.　　　　»　　en 1/16　　» ⎭ connues en France.

Vinaigre. . de vin, se vend à la raquette, qui doit contenir 210 litres.

Vins et Eaux-de-vie, à six mois, en cercles ou en paniers de 25 bouteilles.

Point d'usage particulier pour les autres articles, qui en général se livrent à la tare écrite ou vérifiée ; pour ceux qui sont en barriques ou barils, tels que soufre, la couperose, la manganèse, le sel de soude, la potasse, etc., etc.

Les articles de droguerie se vendent sur poids net.

A Rennes, on suit, à bien peu de chose près, pour les denrées non mentionnées au présent tableau, les usages de la place de Nantes.

73.

§ 2. — *Produits du département.*

Amidon . . au comptant, soit à trente jours, emballé, au colis de 25 et 50 kil., et par paquets de 2 kil. environ, au poids réel, mais y compris l'enveloppe en papier mince d'environ 1 kil. par 100 kil.

BESTIAUX . au comptant, aux conditions légales.

BEURRE. . à l'égard du vendeur de première main, au comptant ; de l'expéditeur au marchand, paiement à trente jours sur Paris pour comptant, emballé, tare réelle.

BOIS *de construction*
de toute sorte (sauf les bois d'ébénisterie étrangers qui se vendent au poids) :

Bois *ronds* ou en *grume*, se mesurent au *stère*, en prenant la circonférence moyenne avec une ficelle, sous la déduction de 1/5ᵉ, sauf l'ormeau vendu aux charrons sans déduction.

Bois *équarris*, se mesurent, pour la largeur, sur deux faces, avec réduction de 2 à 4 cent. sur chacune, selon les conventions ; en tous cas, les longueurs mesurées par double décimètre plein.

(Ces mêmes bois, et les bois de brin notamment, s'achètent aussi au *mètre courant*, mesuré par double décimètre plein.)

BOIS
de marine
au stère, mesuré, la longueur par décimètre pair, la largeur par centimètre pair, et sur deux faces, soit à mi-flache, soit sous déduction de 4 cent. au moins, suivant les vices ou l'équarrissage.

Bordages, au mètre courant ou au mètre cube, suivant convention.

De cent, se vendent à la pièce. (Le bois de cent est celui qui ne cube pas 7 centim.)

Gournables, se vendent au *mille*.

Bois. . . . *Rais*, se vendent au mille.

Id. . . *Paisseaux* et *Échalas*, se vendent au mille.

Id. . . *Lattes*, se vendent au mille, en paquets de cent lattes de 1 m. 33 cent. de longueur ; à Rennes, 4 paquets de lattes de 1 m. comptent pour 3 paquets de 1 m. 33 c. ; dans l'arrondissement de Vitré, on donne 3 paquets de 1 m. pour 2 de 1 m. 40.

Id. . . *Merrains*, se vendent au *mille*, composé comme suit :
Pour Angers, longères, 1020 ; fonçailles, 510.
Pour Nantes et Bordeaux, longères, 1400 ; fonçailles, 700.

Id. . . *Douvain*, au *mille*, composé de 1400 longères, 700 fonçailles.

Id. . . De *Boissellerie*, à la *pile*, composée de 62 fonds, 6 paquets de 10 seaux, et 3 paquets de 15 apprêts.

Id. . . *Palis*, *pelles*, *etc.*, à la fourniture de 21 douzaines de 13 pour 20 douzaines.

Id. . . { *Attelles* de colliers } à la fournit. de 21 douz. { *Futs* de selles. } pour 20, sans trézain.

Id. . . *Feuillards*, à la *fourniture* de 6 paquets de 84 brins de 3 m. 66 c. de longueur, ou 9 paquets de 84 brins de 3 mètres.

Id. . . *Cercles*, au *môle* de 24 cercles à barriques, 21 môles pour 20 formant une fourniture.

Id. . . *Planches* et *Voliges*, au *mille* ancien, c'est-à-dire par quantité de 333 m. 33 c. (1000 pieds), ou à la *douzaine* de 24 mètres courants (72 pieds).

6

BOIS. . . . *Chevrons*, soit au mille, soit à la *douzaine* de 72 mètres (216 pieds).

Les paiements à quatre mois de terme pour tous les bois.

Id. . . de *chauffage*, au stère ou à la *corde*, ou charretée de 3 stères.

BOISSELLERIE au nombre réel et au comptant.

Id. . . de Fougères, à la douzaine de seaux assortie de 4 grands, 4 moyens, 4 petits, à quatre mois.

Id. . . *Tournée*, à la douzaine *de points*, 13 pour 12.

BROSSERIE à la douzaine ou à la grosse de 12 douzaines, 30 jours sous escompte de 3 0/0 à 40 jours et 2 0/0 à 90 jours sans escompte.

CARTES. . . *à jouer*, au *sixain* (6 jeux), compte réel, au comptant, mais à trois mois pour 100 fr.

CARROSSERIE grosse et fine, à six mois et un an de terme.

CHAISES . . à la douzaine, au comptant ou dans les trente jours.

CHANDELLE A nu, ou en caisses de 12 kil. 5 hect. et de 25 kil., tare nette, la caisse vide rendue ou payée, à deux mois ou 1 0/0.

CHAPEAUX. De *Feutre*, se vendent à six mois de terme, mais les matières premières se livrent au comptant.

Id. *Vernis*, à quatre mois de terme.

Les peaux de lièvre et celles de lapin se vendent au cent ; on livre 104 pour 100.

CHARBON. . De *bois*, à la barrique bordelaise, pesant 40 à 45 kil. net, ou aux 100 kil.

De *terre*, poids réel, au comptant.

CHAUSSONS De *Tresses* (fabrique de Fougères), à la douzaine, sans don, à 30 jours pour comptant,
avec 2 0/0 escompte, ou à quatre mois sans
escompte.

CHAUX. . . . A la barrique de 240 litres ; pierres non cuites
rendues.

CHIFFONS.. Au poids réel ; au comptant envers le premier
vendeur ; à 30 jours pour la revente.

CIDRE . . . A l'hect. ou à la barrique de 230 litres , non
logé , c'est-à-dire fûts rendus ou facturés, à
trois mois de terme.

Le cidre non soutiré subit une réduction de
2 fr. par barrique.

Au comptant pour le consommateur ; à trois
mois de terme pour expédition. La barrique
à 230 lit. ; en pièces, 240 lit. pour barrique.

CIRE. . . . *Jaune*, s'achète du fabricant au comptant,
livrée nette sans pied, garantie apte au beau
blanc, au poids réel, trait un kil. par pesée
de 250 kil. au plus.

Id. *Blanche*, non logée, poids réel, à trois mois
de terme au-dessous de 500 kil. et quatre
mois au-dessus.

CIRE (BOUGIES DE) en paquets de 470 grammes, poids net
inscrit sur l'enveloppe (les 30 grammes de
papier compensant les frais de mèche et
de fabrication) caisses payées , à 3 mois.

COLLE FORTE. Poids réel , à trois mois.

CONFISERIE et DISTILLERIE, à six mois de terme, emballage
facturé.

CORDERIE.. Poids réel, au comptant.

CORDONNERIE. En gros, au compte réel, quatre mois ou 2 0/0.

CORNES . . 104 pour 100.

CUIRS . . . *En poil*, s'achètent au comptant, au poids vrai.

Id.   *Fabriqués*, se vendent à quatre mois, au poids vrai.

Les peaux de veaux, bœufs et vaches de la boucherie de Rennes se vendent au comptant et poids vrai.

Pour la crotte et l'humidité adhérente aux peaux, les bouchers accordent, de la Toussaint à Pâques, un bon poids de 2 kil. par peau de bœuf et 1 kil. par chaque peau de vache.

Les peaux de moutons se vendent à la pièce ou par lots, au comptant.

EBÉNISTERIE. L'usage de fabricant à marchand est de trois mois ou 2 0/0 : les meubles se vendent peu dans le département en fabrique, mais en magasin et sur commande, au comptant.

ECORCES. . Au *mille* (500 kil.), réduction de 5 0/0 pour harts, de quatre à six mois.

ENGRAIS. . *Sang chaulé*, à l'hectolitre, 21 pour 20, à six mois.

Id.   *Noir animal*, à l'hectolitre, sans don, à six mois.

FAGOTS . . Au cent, pesant secs 15 kil. chaque.

FARINE . . Au sac de 100 kil. net, 1 0/0 et trente jours, toile facturée.

FAIENCE et POTERIE, au compte réel, au comptant le plus ordinairement, ou à trois mois au plus.

FER . . . . Poids réel, à quatre mois.

FILASSE . . Au comptant, poids réel, tare 2 0/0 pour les harts.

FIL. . . . . *De Chanvre et de Lin*, s'achète au comptant, poids réel.

   Id.   *De Rennes*, poids net, emballage facturé, à six mois. (Se vend aussi à la grosse d'écheveaux de divers poids).

FOIN . . . . *En meules*, au *mille* (500 kil.), sans don.
              En bottes de 5 kil., 105 bottes pour 100.
              Le foin sur pré donne 10 kil. sur cent en plus.

FLANELLES. D'Antrain et de Fougères, au mètre, mesure réelle, à quatre mois.

FONTES . . Tuyaux, ornements, pièces mécaniques, etc., aux 100 kil. sans bon poids, six mois de terme, ou 3 0/0 comptant.
              Poterie, au *point*, qui équivaut à peu près au 1/2 kil.

FRUITS *à cidre*. Au triple décalitre ou aux 30 kilog., au comptant.

GANTERIE . A la douzaine de paires, à 4 mois de terme.

GRAINES. . Se livrent éventillées, au comptant, aux poids et tare réels.

GRAINS. . . Au comptant, aux poids et tare réels.

LACETS . . . A la *grosse* de 12 douzaines, à deux mois de terme.

LAINES. . . *D'Abats*, poids réel, quatre mois.

   Id.   *Filée*, tare réelle, quatre mois.

MARRONS. . Aux 100 kil., au comptant.

MÉGISSERIE. A la douzaine, compte réel, quatre mois de terme.

MIEL. . . . *De Bretagne*, s'achète au comptant, ferme à la bonde, ou avec garantie qu'il le deviendra, logé en *barriques* de 360 kil. environ, tare 45 kil., bon poids du fabricant au négociant, 1 0/0 entre fers, soit 2 kil. par barrique, outre le trait de la balance, les fûts étant livrés secs et reliés avec un intervalle de 20 centimètres près la bonde ; réfaction de 5 kil. par fond plâtré.

Id. *En barils*, tare proportionnelle à celle des barriques ou 12 0/0.

Id. *En boîtes*, tare écrite, sauf vérification.

ŒUFS . . . A la *grosse* de 144, au comptant, emballés aux frais de l'acheteur.

Os . . . . . 30 jours pour comptant, poids net.

OUATE . . . A la douzaine de quartiers, ou feuilles de 1 m. 20 c. sur 0 m. 90 c., à six mois de terme.

PAPIERS . . A la *rame* de 500 feuilles, ou aux 100 kil. net, six mois de terme.

Id. PEINTS. Au *rouleau* de 8 mètres pleins de longueur et 45 centimètres de largeur, à neuf mois de terme, ou à 90 jours avec 10 0/0.

PEAUX . . . Peaux vertes, au poids vrai et au comptant. Le bon poids pour crotte et humidité se débat entre l'acheteur et le vendeur ; mais, de la Toussaint à Pâques, ce bon poids est fixé à 2 kil. par peau de bœuf et à 1 kil. par vache.

Peaux de veaux, à la douzaine, au comptant ; celles qui sont trop petites ou défectueuses sont comptées 2 pour une.

Peaux de moutons, soit au poids, soit à la pièce, au comptant.

Peaux de chevreaux, à la pièce; la réception se fait suivant la taille. (Voir aussi les articles cuirs et chapeaux.)

PIPES . . . *En bois*, à la douzaine, à quatre mois.

Id. *En terre cuite*, à la grosse de 144 , compte réel , en caisses facturées , à trois mois, ou escompte 3 0/0.

PLUMES D'OIE *A écrire*, au mille, nombre réel, emballé, à six mois ou 6 0/0.

Id. *A literie*, poids réel , emballage facturé , à quatre mois.

SABOTS . . A la *grosse* de 160 paires assorties , dont une double *gaulée* de 40 paires pour hommes , une pour femmes, une de bâtards et une pour pâtres.

Les sabots pour petits enfants , dits *grélots* , se vendent séparément , à la gaulée de 20 paires.

SALAISONS. . Poids réel , tare écrite, comptant à 30 jours.

SCIERIE MÉCANIQUE. Au comptant, sans escompte.

Débit des planches et madriers, au mètre courant.

Débit des panneaux, au mètre carré.

» du placage, au kil. , mais vente à la feuille.

SUIF. . . . . Nu ou en barriques, poids net.

TEINTURERIE Quatre à six mois de terme.

TAN (poudre à). Au mille (500 kil.), tare réelle, les sacs rendus, à 4 mois ou 2 p. 100.

Toiles rurales, se vendent à un mois de terme, sans escompte, métrage exact.

Ces toiles ont les dimensions suivantes :

2 *fils forts*, 1,400, 1,300 ;

Mélis doubles ;

4 *fils* 30 *commun*, à 0 m. 57 de largeur.

Les mélis simples, bonnettes, rondelettes, à 0 m. 65 de largeur.

Le métrage des pièces est de 85 à 100 m. pour les deux fils, 1,400 et mélis doubles ; les mélis simples, 1,300, 4 fils 30 et rondelettes se vendent en pièces de deux coupons réunis faisant de 120 à 160 m.

Toiles de manufactures, se vendent à six mois ou 3 p. 100 d'escompte ; elles se font soit en chanvre, soit en lin, toutes à 0 m. 57 de largeur, excepté le n° 6 en chanvre qui a 0 m. 65.

Vannerie. . Au nombre réel, au comptant.

Vermicelle. Poids net, trois mois de terme.

Verroterie. Au compte, à six mois.

Vins et Eaux-de-vie. A six mois, sans escompte, ou au comptant et 3 p. 100 d'escompte. — En cercles ou en paniers de 25 bouteilles. Les eaux-de-vie se vendent à l'hectolitre.

Volailles et Gibier. Au compte réel, au comptant.

Nota. — Tous les produits du pays, matière première, s'achètent à Rennes, au comptant, sans escompte, emballage fourni par l'acheteur.

Ainsi délibéré et arrêté définitivement par le tribunal-de commerce de Rennes et la chambre consultative des arts et manufactures, réunis par leur président commun, pour réviser, conformément à la demande de M. le Préfet d'Ille-et-Vilaine, la section II du titre : « *Usages du Commerce* » du Recueil des Usages locaux.

La chambre et le tribunal renouvellent, plus vivement que jamais, le vœu par lequel se terminait le travail arrêté par la première de ces compagnies le 18 juin 1850.

Il est déplorable que, lorsque l'unité décimale est enfin la seule permise, pour tous les actes et toutes les transactions, divers genres de commerce continuent à suivre une foule d'usages qui ne peuvent engendrer que des fraudes ou des procès. Le *kilogramme*, ses multiples et sous-multiples, pour tout ce qui se pèse ; le *litre*, ses multiples et sous-multiples, pour tout ce qui se mesure en capacité ; le *mètre*, pour tout ce qui se mesure en longueur, au cube, en superficie ; le *nombre*, pour tout ce qui se compte, devraient être les seules bases admises.

Il est non moins à désirer que toutes les *tares* soient ramenées à la *réalité ;* que la règle générale de tout terme de vente soit le *comptant ;* enfin que, dans le cas où l'usage donne l'option entre le *terme ou l'escompte*, ces deux conditions soient en rapport exact; ainsi, l'on ne verrait plus neuf mois de terme équivaloir à un escompte de 10 0/0, outre 90 jours, comme cela a lieu, par exemple, dans le commerce des papiers peints.

Ces conditions régulières, posées comme faisant droit dans les cas stipulés par les art. 1135, 1159 et 1160 du Code Napoléon, n'empêcheraient pas les vendeurs et les acheteurs de convenir librement et explicitement entre eux d'autres modes d'achat ou de vente ; mais du moins on pourrait espérer que peu à peu un bon *usage* prévaudrait sur de déplorables routines ; et l'on ne verrait plus porter devant les tribunaux des discussions basées sur l'ignorance où étaient les parties contractantes des conditions tacites qui sont réglées maintenant par un recueil spécial des *Usages locaux.*

Le tribunal et la chambre émettent de nouveau le vœu que le commerce des engrais soit ramené à des usages fixes et rigoureusement réglementés, afin que les abus si souvent signalés deviennent de plus en plus difficiles.

Rennes, le 10 décembre 1855.

Pour copie conforme :

Le Secrétaire de la chambre consultative,	*Le Président du tribunal de commerce et de la chambre des arts et manu-factures,*
A. MARTEVILLE.	**A. LE TAROUILLY.**

74.

Industries omises ou nouvellement établies.

Dans sa réunion de ce jour, 2 mars 1859, la chambre de commerce de Rennes a adopté et approuvé le réglement ci-dessus des tares, termes, escomptes et usages de la place de Rennes et environs, pour la livraison des marchandises, dressé par la chambre qui l'a précédée. Elle a cru devoir, après renseignements, le compléter par les additions suivantes .

Ardoises . . au mille, paiement à quatre mois, sans escompte.

BILLARDS . , à 90 jours de terme, avec garantie d'un an, sauf les accidents résultant de l'usage journalier.

BOULONNERIE. à terme de 90 jours , ou à 30 jours comme comptant.

BRIQUERIE. . au mille, sans don, à 3 mois ou 2 0/0 escompte.

CASQUETTES. à 3 mois, ou au comptant sous 2 0/0.

CHAUDRONNERIE (grosse), TAMISERIE, SOUFFLETERIE , à 6 mois, ou 3 0/0.

CLOUTERIE. . Terme 6 mois et au-delà , pas d'usages fixes.

DENTELLES. . à 6 mois , ou au comptant avec 5 0/0 escompte.

FILATURE . . à 30 jours pour comptant, sous 2 0/0.

FONTES *de* 2ᵉ *fusion*, au poids réel, à 3 mois ou 2 0/0 d'escompte.

FORMES *de chaussures*. Le formier donne 4 mois ou 2 0/0.

HORLOGERIE (grosse) , avec garantie d'un an , paiement moitié au comptant, moitié à un an.

HORTICULTURE , on livre 104 pour 100, à 6 mois sans escompte.

JOUETS *d'enfants* , à la douzaine ou demi-douzaine, ou à la grosse de 144, à 3 mois sans escompte, ou au comptant en remboursement sous 5 0/0.

LIBRAIRIE. . . *Entre éditeurs et marchands libraires :* ouvrages classiques, ecclésiastiques et de littérature, remise de 25 0/0 ; ouvrages de sciences et arts, 15 ou 20 0/0; ouvrages de piété et pour distribution de prix, à prix net. Paiements à 30 ou 40 jours avec escompte de 4 ou 5 0/0, ou à 6 mois de terme sans escompte pour les ouvrages de littérature et ecclésiastiques, et à 3 mois sans escompte pour les ouvrages classiques et scientifiques.

MACHINES et OUTILS *pour l'agriculture*, se vendent au comptant à la pièce; les pièces détachées, transmissions de mouvements, aux 100 kil. de fer et fonte travaillés.

Les MÉCANICIENS *pour minoterie* et autres instruments vendent à 6 mois de terme et six mois de garantie.

MACHINES A VAPEUR, *distilleries, générateurs, grosse tôlerie*, payables 1/3 à la signature du traité, 1/3 à la livraison, 1/3 trois mois après, terme de garantie.

MIROITERIE, ÉTAMAGE DES GLACES, à 90 jours, ou 2 0/0 escompte.

ORNEMENTS D'ÉGLISE, pas d'usages fixes, à 6 et même 12 mois.

PASSEMENTERIE, pas d'usages fixes.

PELLETERIE *brute, articles* dits *Sauvagine* (Martres, Fouines, Putois, Renards, Loutres), entre négociants, et de négociants à fabricants, 6 mois ou 3 0/0; de fabricants fourreurs à marchands détaillants, 90 jours ou 2 0/0; à la pièce et au compte réel, emballage donné entre négociants, et payé de fabricants à marchands.

RELIURE, pas d'usages fixes.

TONNELLERIE, pas d'usages fixes ; paiements par à-compte au renouvellement des livraisons, mais compte arrêté et soldé annuellement.

La chambre de commerce, en terminant, appuie avec insistance le vœu exprimé par la chambre des manufactures et tendant à ce que toutes les marchandises susceptibles d'être pesées, notamment les céréales, soient livrées au poids ; à ce que les mercuriales soient toujours cotées au poids et aux 100 kil., afin d'amener peu à peu toutes les transactions à ce mode de livraison.

Rennes, 2 mars 1859.

Le Secrétaire,

A. MARTEVILLE.

Le Président,

A. LE TAROUILLY.

NOTA. — Les usages du commerce des arrondissements de Vitré, Redon et Montfort, du ressort de la chambre de commerce de Rennes, et ceux de l'arrondissement de Fougères, sont indiqués après les usages du commerce de l'arrondissement de Saint-Malo, chacun sous un article spécial.

SECTION II.

75.

RÉGLEMENT DES TARES ET USAGES DE LIVRAISON DE LA PLACE DE SAINT-MALO,

Revu par la chambre de commerce le 28 février 1855.

	TARE.	TRAIT.	BON POIDS.
Acier.	Nette		
Amandes.	2 et 4 0/0	1 0/0	1/2 k. (1)
Amidon.	Nette		1
Bois de teinture..	*Id.*	1	1
Cacao.	2 1/2 0/0		1 (2)
Café Bourbon, en sacs..	2 k. 1/2 par balle		1 (3)
» en 1/2 balles. . . .	1 k. 1/2 par balle		1 (4)
Café Moka, en balles.	9 k. 1/2 par balle		1 (5)
» en 1/2 balles.	5 k. 1/2 par balle		1/2 (6)
Café Haïti, Havane, Cayenne, Porto-Rico.	2 1/2 0/0		1 (7)
Café en futailles.	Nette	1 0/0	1
Canelle en caisses	*Id.*	1 0/0	1/2 (8)
Canelle de Ceylan.	6 kil. 1/2		1 (9)
Caret en caisses ou futailles. . . .	Nette	1/2 0/0	1
Cahouanne, Onglons, Ergots . . .	*Id.*	1/2 0/0	1 (10)

(1) 2 0/0 en simple emballage, 4 0/0 en double, tare nette en futaille.

(2) Tare nette sur les futailles, 1 0/0 trait et 1 kil. bon poids.

(3) Par pesée de 3 balles en angle.

(4) Par pesée de 6 demi-balles.

(5) Par balle, celles de 200 kil., 12 kil.; celles de 187 kil., 11 kil.; celles de 175 k., 10 kil.

(6) Par 1/2 balle.

(7) Par 3 sacs.

(8) Ou 12 à 13 kil. par caisse; on pèse par caisse, avec 1/2 kil. de bon poids.

(9) En double gonis, toile de l'Inde, et 3 kil. 1/2 en un seul gonis.

(10) 2 k. de Cahouanne et Onglons pour 1 kil. Caret.

	TARE.	TRAIT.	BON POIDS.
Chanvre	Nette.	1 0/0	»
Céruse	Id.	1 0/0	1 kil.
Cire.	Id.	»	1
Cochenille en surons	Id.	1 0/0	1/2
Cornes	»	»	» (1)
Colle de poisson.	Nette.	»	1
Coton Brésil , simple emballage. .	4 0/0	»	2 (2)
» emballage en cuir du poids de 60 kil. et au-dessus. .	8 0/0	»	2 (3)
Coton Brésil, ceux au-dessous de 60 kil.	7 0/0	»	2 (4)
Coton Cayenne, Berbice, Démérary, Haïti, Guadeloupe , Martinique , Surinam, Metril, Bourbon , Séchelles , Louisiane, Caroline. Coton Géorgie, Carthagène.	6 0/0	»	» (5)
Coton Surate.	6	»	» (6)
Couperose	10	»	»
Crin	Nette	1 0/0	1 kil.
Cuirs secs en poil.	Id.	1 0/0	1 (7)
Cuirs salés.	»	1 0/0	1 (8)
Gomme du Sénégal, en fûts. . . .	Id.	1 0/0	» (9)
Gomme du Sénégal , en sacs. . . .	2 1/2 0/0	»	1 (10)

(1) Se vendent 104 pour cent.

(2) 1 kil. surdon.

(3) 1 *id.*

(4) 1 *id.*

(5) En simple emballage, sans ardes, bandes en cuirs, ou liens. 8 0/0 avec cordes; 2 kil. par balle et ballot au-dessus de 50 kil. Don 1 kil. par balle et ballot au-dessous de 50 kil., plus 1 kil. surdon.

Les Bourbon, Séchelles, Louisiane et Caroline au-dessous de 50 kil., 1 kil. de don, plus 1/2 de surdon.

(6) Sans cordes, et 8 0/0 avec cordes , sans égard à la quantité sur les balles.

(7) Par 25 cuirs.

(8) Se pèsent par 15 cuirs.

(9) Se pèsent comme les cacaos.

(10) Par 5 sacs, 4 0/0 de pousse sur celle du bas du fleuve et 5 1/2 sur Galam.

	TARE.	TRAIT.	BON POIDS.
Girofle en fûts.	Nette	1 0/0	» (¹)
Girofle en sacs { de Vacoa. . . .	2 k. 1/2 par balle	»	1
{ de toile.	2 kil. 1/2 0/0	»	1
Gingembre en sacs, simple emballage.	2 0/0	»	1 (²)
Gingembre en fûts.	Nette	1 0/0	1
Graine de Perse, simple toile. . . .	2 0/0	»	»
» de trèfle, double emballage.	»	»	» (³)
» de lin.	Nette	1 0/0	1 (⁴)
Houblon étranger, simple emballage	2 0/0	»	»
Huile d'olive { en barriques bordelaises.	»		
et de poisson { autres fûts au-dessous de 260 kil.	20 0/0	1 kil.	3 kil. (⁵)
en fûts non plâtrés . . . { au-dessus.	18 0/0	1	3 kil.
Huile de { en fûts au-dessus de 250 kil.	18 0/0	»	» (⁶)
baleine. { en fûts au-dessous. .	20 0/0	»	»
Huile de baleine en barriques bordelaises, quel que soit le poids .	20 0/0	»	»
Indigo en caisses ou futailles. . . .	réelle.	1 kil.	1/2 kil.

(1) Se pèse comme les cacaos.

(2) Ou tare nette.

(3) A la balle de 104 kil. net pour 100 kil.

(4) Les graines pour semence se vendent au sac ou au baril.

(5) Pʳ barres. 2 0/0 de plus si les futailles sont plâtrées ; les premiers 27 mill. de scie ne donnent lieu à aucune réfaction, chaque excédant de 27 mill. donne lieu à une réfaction de 3 kil. 1/2 par 27 mill. sur les barriques, et 2 kil. sur les quarts, pour les huiles de poisson seulement. Les futailles qui auront plus de 110 mill. de scie pourront être refusées.

(6) La réfaction pour *pied* n'est due que pour l'excédant de 54 mill. Le *pied* liquide est considéré comme marchand. La réfaction ne s'accorde que pour le *pied* épais. Toutes pièces et barriques doivent se livrer pleines jusqu'à la bonde.

	TARE	TRAIT.	BON POIDS.
Indigo en surons, de 50 kil. . . .	7 kil.	»	1/2 (1)
» » de 75 kil. . . .	9	»	1/2
» » de 100 kil. . . .	11	»	1/2
Jalap en surons.	7 kil. par suron	»	»
Jus de réglisse.	13 0/0	»	» (2)
Laine.	réelle	1 0/0	1 kil.
» de Berry, Roussillon, Languedoc.	6 0/0	»	1
Litharge	10 kil.	»	1 (3)
Mélasse, sans plâtre.	12 0/0	»	1
Miel de Bretagne, en barriques. . .	40 kil.	»	1 (4)
» en tierçons. . . .	30	»	1 (5)
Minium, oxide de plomb rouge. .	18	3 0/0	1 (6)
Morue sèche..	»	2 0/0	»
» verte.	»	4 0/0	» (7)
Ocre en barriques.	10 0/0	»	1
Peaux de chevaux	»	1 0/0	1 (8)
Piment Jamaïque en futailles. . .	réelle	1 0/0	1
» en sacs, simple emballage.	3 0/0	»	»
» Tabago en balles..	8 0/0 / 4 0/0	» / »	» (9) / » (10)
Poivre lourd et léger, en futailles.	réelle	1 0/0	1
» en sacs. . .	3 0/0	»	» (11)
» en sacs. . .	4 0/0	»	» (12)

(1) S'il se trouvait des surcharges dans l'emballage, il serait loisible à l'acheteur de réclamer la tare nette avec 1/2 kil. par colis pour boni.

(2) 1/2 kil. pour les feuilles

(3) Par baril.

(4) Par barrique.

(5) Par tierçon.

(6) Par baril.

(7) Chaque poignée se bat trois fois

(8) Se pèsent par 50 peaux ; celles emballées en cuir, se livrent brut pour net.

(9) Avec liens de cuirs entre les deux emballages.

(10) Sans liens, simple emballage.

(11) Simple emballage.

(12) Double emballage ; et 5 0/0 les petits sacs en double gonis.

	TARE.	TRAIT.	BON POIDS.
Potasse et perlasse d'Amérique et de Russie.	12 0/0	»	1 kil.
Poix de Bourgogne. . . . , ...	10 0,0	»	1
Prunes Sainte-Catherine.	10 0,0	»	1
Quercitron, en futailles.	13 0,0	»	1
Quinquina en caisses.	réelle	1 0/0	1/2
Raisins secs de Malaga.	»	»	» (1)
» Marseille.	2 kil.	»	» (2)
» Corinthe.	12 0/0	»	»
» Malaga en baril. .	»	»	» (3)
Réglisse en balles de 55 kilos. . .	3 kil.	1 0/0	1
Résine sans emballage.	»	»	»
» avec emballage.	2 1,2 0 0	»	1
Riz en futailles.	12 0 0	»	1
Riz en sacs simples.	2 1,2 0 0	1 0/0	1 kil.
Rocou pour fûts et feuilles. . . .	20 0 0	1 0/0	1
Salpêtre en doubles sacs.	5 kil.	»	1
» en triple emballage. . . .	6	»	1
Savon	écrite	»	» (4)
Soude en balles avec 3 enveloppes.	14 kil.	»	1
» avec 4 enveloppes.	16	»	1
Soufre	écrite	2 0 0	1
Suif en barriques.	Id.	1 0,0	» (5)
Sumac en balles, simple emballage.	2 kil.	»	»
Sucre brut en boucauts et grandes caisses.	17 0 0	»	2 (6)
» en tierçons.	18 0 0	»	1 (7)

(1) A la caisse.

(2) Par caisse.

(3) Au baril.

(4) 1 kil. 1/2 pour surtare et trait par petite caisse , 2 kil. 1/2 pour les grosses ; sont reconnues petites caisses celles du poids de 110 à 120 kil.

(5) Celui de Russie, 12 0/0.

(6) Par colis.

(7) Id.

	TARE.	TRAIT.	BON POIDS.
Sucre brut en quarts.	20 0/0	»	1/2 (1)
Sucre terré en boucauts.	13 0/0	»	2 (2)
» en tierçons	15 0/0	»	1 (3)
» en quarts	17 0/0	»	1/2 (4)
» Havane, blanc et blond	15 0/0	»	1 (5)
Sucre terré, Havane, blanc et blond, en 1/2 caisses	17 0/0	»	1/2 (6)
Sucre terré, Brésil.	15 0/0	»	2 (7)
» de l'Inde, balles doubles, toile de 75 kil.	6 kil.	»	1 (8)
Sucre terré de Batavia, en paniers de 175 kil. et au-dessus.	21	»	1 (9)
Sucre Vera-Cruz, en surons. . . .	6	»	1/2 (10)
» Bengale jaune, Maurice et Bourbon.	7 0/0	»	1 (11)
Thé Peuchong, Souchong, Congo, » Pekao, Campoy, Bohé.	13 0/0	»	»
» Hyson, Hyson-Skin.	9 0/0	»	»
» Perlé, Poudre à canon, Ton-kay, Young-Kyson.	10 0/0	»	»

(1) Par colis.
(2) *Id.*
(3) *Id.*
(4) *Id.*
(5) *Id.*
(6) *Id.*
(7) En caisses avec coins en fer.
8) Par 5 sacs, en triple toile, 9 0/0.
(9) Par colis, au-dèssous de 175, tare à régler.
(10 Par surons.
(11) Par 3 sacs.

Tous les réglements se font à quatre mois de terme de la fin de la livraison. Les pesées se font *en angle*, au moyen du trait accordé, qui est toujours dans la supposition d'un poids de 250 kil. Il sera accordé un trait proportionnel pour les pesées au-dessous de 250 kil.

CONDITIONS GÉNÉRALES.

Coton. — Les cotons se vendent sans cordes, avec 2 kil. de don et 1 kil. de surdon, pour toute réfaction quelconque, excepté la mouillure qui s'arbitre. Les dons et surdons sont réduits de moitié pour les balles n'excédant pas 50 kil.

Sucre. — Les barriques se livrent avec 16 cercles et une barre à chaque bout, les tierçons et les quarts avec 12 cercles sans barres. Le tierçon est jusqu'à 300 kil. inclusivement. Le quart jusqu'à 125 kil. Il y a lieu à réfaction pour vidange, lorsqu'elle excède 110 mill. (4 pouces) au-dessous du jable, pour les sucres bruts. Pour les barriques au-dessus de 650 kil., 25 kil. par 27 mill. (1 pouce) de vidange en plus de 110 mill., et pour celles au-dessous, 20 kil. Les tierçons, 10 kil. par 27 mill. excédant 85 mill. (3 pouces) au-dessous du jable. Les quarts, 5 kil. par chaque 27 mill. excédant 54 mill. (2 pouces) au-dessous du jable.

Pour les sucres terrés, 18 kil. par barrique, 10 kil. par tierçon, 5 kil. pour les quarts par chaque 27 mill. de vidange excédant 27 mill. au-dessous du jable.

Eaux-de-vie. — Les eaux-de-vie et esprits se vendent à la velte ou 7 litres, 60 0/0. Le vendeur et l'acheteur ont la faculté d'exiger le dépotage, qui se fait à frais communs. La reconnaissance des eaux-de-vie a lieu avant le dépotage. S'il y a contestation sur la qualité, le degré ou le conditionnage des futailles, cela doit être soumis à des arbitres. La livraison est consommée par le remplissage des pièces, qui a lieu immédiatement après le dépotage, et seront ensuite au compte de l'acheteur tous les risques que courra la marchandise après sa sortie du magasin des vendeurs, quand même ceux-ci se fussent obligés à faire les frais de la rendre en un lieu désigné.

L'acheteur peut refuser les pièces non *droites en goût*, lorsque les arbitres à qui la contestation a été soumise estiment une réfaction de plus de 3 0/0. Si la réfaction n'est pas estimée à 3 0/0, les pièces ne peuvent être refusées.

Les esprits 3/6 sont recevables sans réfaction à 33 degrés. Lorsque la faiblesse excède un demi-degré, ils peuvent être refusés.

La réfaction pour la faiblesse se calcule à raison de 3 0/0 de la valeur pour un degré.

Les eaux-de-vie de 22 degrés peuvent être refusées au-dessous de 21 degrés 1/2. La réfaction se règle, s'il y a lieu, à raison de 5 0/0 par degré.

L'eau-de-vie preuve de Hollande doit porter 19 degrés 1/2 à 20 degrés. Elle est recevable à 19 degrés 1/2 sans réfaction; elle peut être refusée au-dessous de 19 degrés. Si le titre est au-dessous de 19 degrés 1/2, il y a lieu à une réfaction qui se règle à raison de 5 0/0 pour un degré.

HUILE DE BALEINE. — Il est d'usage d'allouer jusqu'à 54 mill. de *pied* sans réfaction; au-delà, on accorde :

Pour 81 mill. 27 mill. a bonifier. » 2 hect.

110	54	»	»	5
138	81	»	1	3
165	110	»	2	3
192	138	»	3	3
220	165	»	4	3
247	192	»	5	4
275	220	»	6	5

Ces réfactions ne s'appliquent qu'à des barils de 150 kil.

A l'égard des fûts excédant 150 kil., ils doivent être réfactionnés d'après le tarif ci-dessous, dans la proportion applicable aux fûts de 600 kil. Le *pied* liquide est considéré marchand ; la réfaction n'est accordée que pour ce qui est épais.

Les fûts entièrement pleins de pied dit drage ou dégras, sont réduits à moitié valeur.

HUILE D'OLIVE. — Il n'y a pas lieu à bonification sur la tare d'une pièce d'huile d'olive pesant 600 kil. environ, si la vidange n'excède pas 81 mill. (3 pouces) ; la bonification de la tare ne se compte qu'à partir de 110 mill. (4 pouces).

Pour 110 mill., on accorde 2 kil.

138	»	2	500 grammes.
165	»	7	250
192	»	10	250
220	»	13	250
247	»	16	500
275	»	20	»

Pour une demi-pièce, l'estimation se fait aux 2/3, et la vidange se compte à partir de 68 mill. (2 pouces 1/2). Pour le dépôt, on accorde la même bonification que pour la vidange.

FORMATION DU TONNEAU.

Le tonneau de mer est de 1,000 kil., et, pour l'encom-
brement , le tonneau est de 1,555 décim. cubes
(42 pieds cubes).

Amandes..	en balles capées.	900 k.
	en fûts.	800
	en coques.	700
Amidon en branches, en fûts.		500
» en poudre		1,000
Anis.		700

Avirons 90 de 3 m. 66 c. à 4 m. » au tonneau.

75	4	33	4	66	*id.*
60	5	»	5	33	*id.*
45	5	66	6	»	*id.*
30	6	66	7	»	*id.*

Bazanne et cuirs corroyés , en balles. . . .	600
» tannés, en rouleaux, emballés.	700
» » non emballés.	750
Beurre et saindoux, en futailles.	1,000
» en pots et houles. . . .	800
Biscuit en caisses	500
» en fûts	400
Bougie en caisses	900
Bouteilles vides.	1,000
Brai et goudron en gonnes.	7
» en barils	8
» en chalosses	3
Câbles. . . . , ...	800 k.
Cacao en sacs.	600

Cacao en fûts. . . . . 500 k.

Café en balles. 900

» en sacs de Bourbon. . . . . . . 14 sacs.

» en fûts . . . . 800 k.

Canelle de Ceylan et de Chine. 350

Caret ou écaille. 700

Chandelle en caisses. 750

Chanvre 500

Cochenille. . . , ... 400

Colle de Hollande et autres. 650

Cornes de bœufs. 600

Coton, sorte de Bengale et Surate. 500

» autres espèces. 400

Crin brut en balles. 600

Cuirs secs. 800

Dames-jeannes. . . . . 25 de 15 litres.

Douvelles. . . . . . 1,200 de 1 m. 60 c. (52 pouces).

Eau-de-vie. . . . . 912 litres (120 veltes).

Fanons de baleine. . . . . 750 k.

Farine. . . . . 8 barils ou 800

Feuillard. . . 16 paquets de 14 brins de 3 à 4 mètres.

Figues de toute espèce. . . . . 1,000 k.

Filain emballé . . . . , . . . 900

Fromage de Hollande. . 900 kil.; en caisses 700

Froment, avoine, colza en vrac ou en sacs. . 1,000

Gingembre en fûts. 700

» en sacs. 800

Girofle. 400

Gomme Sénégal. 800

» Laque en caisses. 600

Graine de lin en balles. 1,000

Huile d'olive. . . . . . . 14 millerolles ou   700 k.
» de morue. . . . . 4 barriques.
Indigo. . . . . 700 k.
Jambons en futailles. 800
Laine d'Espagne 400
Liége en planches et bouchons. 250
Lin en balles. 500
Maquereaux salés 900
Marbre. . . 407 déc. cubes (11 pieds cubes). 1,000
Marmites. . . . . . . 2,000 points ou 1,000
Morue sèche en boucauts (en vrac, 1,000 kil.) . 800
Miel . . . . 3 barriques.
Nankin des Indes. . . . . 450 k.
Oranges et citrons. . . . . 8 caisses.
Peaux et pelleteries fines. . . . . . . 500 k.
Pierres brutes. . . . 444 déc. cubes (12 pieds cubes).
Piment. . . . . 500 k.
Pistaches en barriques. 400
Planches en sap, 1,332 déc. cubes (36 p. c.), chêne   30 p.
Poivre. . . . . 800 k.
Prunes d'Entes en caisses. 800
» en caisses, de toute autre espèce. . 16 caisses.
» en barils. . . . . 900 k.
Quinquina en caisses et surons. 600
Raisins en caisses, 900 kil. ; — en fûts. . . 800
Safran. 400
Sel. 1,100
Soie écrue 400
Sucre en pains, en fûts. 700
» de toute espèce, caisses, barriques, etc. 1,000
Tabac en boucauts. 700

Tabac en balles pressées. 800

Thé en caisses ou quarts. 360

Toile d'emballage, 400 kil.;—à voiles, 600;—fines 700

Viande salée. . . . . 8 barils.

Vinaigre. . . . . 6 tierçons ou 8 quarts.

Vin. . . . . 4 barriques.

Vin en caisses, 360 bouteilles ou 1,555 déc. cub. (42 p. cub.).

Tous les articles non mentionnés au présent seront réglés conformément à l'usage du Hàvre, auquel on aura recours au besoin. La Chambre de commerce en donnera communication à MM. les négociants, chaque fois qu'ils pourront le désirer.

Arrêté le présent Réglement par nous, membres de la Chambre de commerce de Saint-Malo, le 28 février 1833.

Pour copie conforme (1) :

Le président de la Chambre de commerce,

P. FONTAN.

SECTION III.

USAGES DU COMMERCE DE L'ARRONDISSEMENT DE REDON.

76.

Les usages locaux sont à Redon analogues à ceux de Rennes, sauf les articles qui suivent :

Pour les navires en déchargement, à Redon l'usage est

(1) Les mesures anciennes, indiquées dans le présent réglement, ont été converties en mesures décimales, conformément à la loi.

de 15 jours courants de planche pour décharger, à moins de conventions contraires stipulées sur les connaissements.

Les grains, tels que froment, seigle, orge, sarrasin, se chargent, à bord de navire, aux 15 hectolitres mesurés dans les magasins des négociants, ou sur le pont du navire, si les grains viennent en bateau. Quant aux avoines, elles se chargent aux 1,000 kilog.

Les froments se vendent aux.... 80 kil.

Le seigle 75

Les orges. 65

Le blé-noir 65

Les avoines. 50

L'usage du commerce est que le vendeur ne garantit pas le poids réel de l'hectolitre, mais bien le poids ci-dessus mentionné, qu'il doit fournir.

Les marchandises se vendent ordinairement *sous vergues* et non *sous voile*, c'est-à-dire que l'acheteur doit payer les frais de *grenier et bardis* du navire à bord duquel les marchandises sont embarquées.

Pour les grains qui sont vendus *sous vergues*, il est d'usage de donner une tare de 20 décagrammes par pesée, qui est ordinairement de 1/2 hect. Le mesurage se fait par portefaix, habituellement au 1/2 hect.

Les tanneurs achètent au comptant et vendent le plus souvent à crédit, sans terme fixe.

Les farines de minoterie, *dites culasses*, de 100 ou de 157 kil. (nets), se vendent à 30 jours de terme.

Les bois se vendent ordinairement à 4 mois ou sous escompte de 2 0/0.

Les charbons de terre se chargent généralement aux 1,015 kilog. et se vendent aux 1,000 kilog. pour les gros charbons, et le plus souvent à l'hectolitre pour les petits charbons.

Les marrons et les graines se paient au comptant, les 50 kilog.

SECTION IV.

USAGES DU COMMERCE DES AUTRES ARRONDISSEMENTS.

77.

FOUGÈRES. — Sauf les usages ci-dessus indiqués, en ce qui concerne notamment les céréales, fruits, etc. (p. 74), la boissellerie (p. 82), les chaussons de tresses (p. 83), les flanelles (p. 85), aucun autre usage n'a été jusqu'à présent constaté comme s'appliquant spécialement à l'arrondissement de Fougères, si ce n'est que dans quelques communes l'usage est de vendre le fil et la filasse et le beurre au grand poids de 750 grammes (24 onces anciennes) au lieu du demi-kilogramme.

78

VITRÉ. — Aucun usage commercial n'a été jusqu'ici constaté comme particulier à l'arrondissement de Vitré. En l'absence de règles positives sur la matière, l'usage de Rennes semble devoir servir de règle générale dans les transactions commerciales de cet arrondissement.

79.

MONTFORT. — La nouvelle enquête ouverte dans cet arrondissement, comme dans les arrondissements de Redon, Fougères et Vitré, n'a donné lieu à la constatation d'aucun usage commercial spécial (1).

(1) A la date du 20 avril 1859, aucun document nouveau n'étant parvenu à la préfecture d'Ille-et-Vilaine, l'impression du Recueil, suspendue en cet endroit pendant plusieurs mois, a dû être continuée.

TITRE TROISIÈME.

DU LOUAGE.

(C. Nap., art. 1135, 1159 et 1160) (1).

———

CHAPITRE PREMIER.

DU LOUAGE DES CHOSES ET SPÉCIALEMENT DES BIENS IMMEUBLES.

(C. Nap., art. 1736, 1745, 1748, 1753, 1754, 1757, 1758, 1759, 1762, 1774, 1775, 1776, 1777 (2).

———

SECTION I. — *Dispositions relatives soit aux baux des maisons d'habitation, soit aux baux des biens ruraux.*

80.

1. — Les époques d'entrée en jouissance et de sortie,

---

(1) 1135. Les conventions obligent non seulement à ce qui est exprimé, mais encore à toutes les suites que l'équité, *l'usage* ou la loi donnent à l'obligation d'après sa nature.

1159. Ce qui est ambigu s'interprète par ce qui est *d'usage* dans le pays où le contrat est passé.

1160. On doit suppléer dans le contrat les clauses qui y sont *d'usage*, quoiqu'elles n'y soient pas exprimées.

(2) Ces divers articles sont indiqués en note, sous les matières auxquelles ils sont applicables.

pour les baux des maisons, sans distinction, et pour ceux des jardins d'agrément, sont fixées ainsi qu'il suit :

Le 23 avril (jour Saint-Georges) dans les cantons de Fougères, Louvigné-du-Désert, Saint-Aubin-du-Cormier, Saint-Brice-en-Cogles, Vitré et Argentré ;

Le 24 juin (jour Saint-Jean) dans les villes et faubourgs de Rennes, Châteaugiron, Hédé, Combourg, Redon, Fougeray-le-Grand, Montfort et Bécherel ;

Le 1er septembre (jour Saint-Gilles) dans la ville de Saint-Malo (partie *intra-muros*) et dans le canton de Tinténiac ;

Le 29 septembre (jour Saint-Michel) dans la partie *extra-muros* de la ville de Saint-Malo, dans la commune de Paramé, dans la partie rurale des cantons de Bécherel et de Combourg, dans les cantons de Saint-Méen, Saint-Aubin-d'Aubigné, Liffré, Mordelles et Janzé, dans le canton de Bain et dans les cantons ruraux de l'arrondissement de Redon ;

Le 1er novembre (jour de la Toussaint) dans le canton d'Argentré, dans les cantons de La Guerche et de Rhetiers, à l'exception des communes de Coësmes et de Thourie où l'entrée en jouissance a lieu fréquemment le jour Saint-Michel.

2. — Ces époques sont invariablement suivies pour la sortie, alors même que le fermier ou locataire serait entré en jouissance à une autre époque et au cours de l'année.

La même règle s'applique aux baux des biens ruraux, dont l'entrée en jouissance est déterminée ci-après.

81.

1. — Le jour Saint-Michel (29 septembre) est l'époque invariablement fixée par l'usage pour l'entrée en jouissance

des fermes et métairies situées dans les arrondissements de Rennes, Saint-Malo, Redon et Montfort, dans le canton d'Antrain et dans les communes de Coësmes et de Thourie.

2. — Le jour Saint-Georges (23 avril) est l'époque généralement suivie pour le commencement des mêmes baux dans les arrondissements de Fougères et de Vitré, sauf le canton d'Antrain. Ces baux commencent souvent le 1er novembre dans les cantons d'Argentré, La Guerche et Rhetiers, à l'exception des communes de Coësmes et de Thourie.

82.

L'entrée en jouissance des prés détachés a lieu le jour Saint-Michel (29 septembre) dans les arrondissements de Rennes, Saint-Malo, Redon et Montfort, sauf le canton de Châteaugiron, dans une partie duquel cette entrée a lieu à la Chandeleur (2 février), et celui de Liffré, où l'on suit tantôt l'époque du 29 septembre, tantôt celle du 23 avril.

Il faut encore excepter les prés-marais, dits *bruyères*, situés dans l'arrondissement de Saint-Malo, dont l'entrée en jouissance ne commence, d'après l'usage, que le 2 février.

Dans les arrondissements de Fougères et de Vitré, l'époque généralement suivie est celle du 23 avril.

Il y a exception pour les cantons ci-après, où les époques fixées sont, savoir :

Pour le canton d'Antrain et les communes de Coësmes et de Thourie, le 29 septembre.

Pour le canton de Rhetiers (moins les deux communes ci-dessus), le 1er novembre.

Pour celui de Saint-Brice, le 25 décembre.

Pour celui de La Guerche, le 2 février.

83.

Indépendamment de cette différence entre l'époque d'entrée en jouissance des terres labourables et celle des prés et marais, dans les localités ci-dessus, l'usage suivi dans plusieurs endroits accorde au fermier entrant la faculté d'ensemencer de trèfle les terres labourables et de soigner les prés de la ferme durant une certaine période qui précède l'époque de son entrée. (V. art. 100 et 101.)

84.

A défaut de convention écrite, la durée des baux des maisons d'habitation et des jardins d'agrément est généralement d'un an dans tout le département (1).

Aucun usage constant ne détermine quelle doit être la durée des baux des biens ruraux. A défaut de règle écrite, on se conforme à l'assolement en usage. (V. art. 96.)

85.

1. — A défaut de stipulation expresse, le paiement des loyers et fermages est exigible en deux termes égaux, de six mois en six mois, après jouissance.

---

(1) « Le bail des meubles fournis pour garnir une maison entière, un » corps de logis entier, une boutique, ou tous autres appartements, est » censé fait pour la durée ordinaire des baux de maisons, corps de logis, » boutiques ou autres appartements, selon *l'usage des lieux.* » (C. Nap., art. 1757.)

« Le bail d'un appartement meublé est censé fait à l'année, quand il a » été fait à tant par an; au mois, quand il a été fait à tant par mois; au » jour, s'il a été fait à tant par jour. Si rien ne constate que le bail soit fait » à tant par an, par mois ou par jour, la location est censée faite suivant » *l'usage des lieux.* » (C. Nap., art. 1758.)

Sont exceptés :

Les loyers des immeubles de toute nature situés dans l'arrondissement de Vitré, dans la ville de Saint-Malo et dans les cantons de Dol, Combourg et Fougeray-le-Grand ; les loyers et fermages des biens situés dans l'arrondissement de Fougères, dont les baux prennent fin à l'époque de Saint-Michel ; les loyers des biens ruraux situés dans l'arrondissement de Montfort et dans les cantons de Saint-Aubin-d'Aubigné, Châteaugiron, Janzé et Fougeray-le-Grand, pour lesquels le paiement n'a lieu qu'en un seul terme, qui est l'anniversaire de l'époque d'entrée en jouissance.

2. — Le paiement des loyers au mois est exigible à l'expiration de chaque mois (1).

86.

Il n'est accordé aucun délai d'usage pour le paiement des termes échus : ils peuvent conséquemment être exigés le jour même de l'échéance (2).

87.

Les délais à observer pour donner congé varient non

---

(1) « Les paiements faits par le sous-locataire, soit en vertu d'une stipulation portée en son bail, soit en conséquence de *l'usage des lieux*, ne sont pas réputés faits par anticipation. » (C. Nap., art. 1753.)

(2) Cependant, en général, on accorde volontairement un délai de quelques jours pour les biens de ville ; et pour les fermes et métairies, on attend ordinairement que le fermier ait fait ce qu'il appelle ses *éliges*, en vendant les produits de la ferme. Ainsi, dans le canton de Saint-Brice, le premier terme des locations prises le 23 avril, exigible le 23 octobre, n'est payé le plus souvent que le 1er novembre : de même dans le canton de Saint-Aubin-du-Cormier, on n'exige ordinairement le paiement des fermages qu'après un délai de trois mois ; mais il n'existe aucun usage constant qui oblige d'accorder un délai.

seulement suivant les lieux, mais encore suivant la nature et la destination de la chose louée (1).

Ces délais sont fixés comme suit :

1° *Maisons d'habitation situées dans les villes et faubourgs* (quelle que soit leur importance, et lors même qu'il s'agirait d'une maison entière), *trois mois*. Par exception, dans les cantons de Vitré, Châteaubourg et La Guerche, pour les loyers au-dessus de 150 fr., le délai est de *six mois*.

Dans l'arrondissement de Saint-Malo, les congés des baux prenant fin au 29 septembre doivent être donnés au plus tard le 23 juin, veille du jour Saint-Jean, ou trois mois et six jours d'avance.

2° *Magasins, boutiques, usines des villes* (sauf les moulins et minoteries), *chantiers, auberges, pensionnats, six mois*, excepté dans les villes de Montfort, Bécherel et Saint-Méen, où ce délai n'est que de *trois mois*.

Le bail d'un immeuble affecté, même comme accessoire, à l'exercice d'une industrie peut, suivant les circonstances, être assimilé, quant au délai nécessaire pour donner

---

(1) « Si le bail a été fait sans écrit, l'une des parties ne pourra donner » congé à l'autre qu'en observant les délais fixés par *l'usage des lieux*. » (C. Nap., art. 1736.)

Dans le cas prévu par l'art. 1744, C. Nap., s'il s'agit d'une maison, » appartement ou boutique, le bailleur paie, à titre de dommages et intérêts, » au locataire évincé, une somme égale au prix du loyer pendant le temps » qui, *suivant l'usage des lieux*, est accordé entre le congé et la sortie. » (C. Nap., art. 1745.)

« L'acquéreur qui veut user de la faculté réservée par le bail d'expulser » le fermier ou locataire en cas de vente, est, en outre, tenu d'avertir le » locataire au temps d'avance *usité dans le lieu* pour les congés. » C. Nap., art. 1748.)

congé, aux baux des locations spécifiées au présent paragraphe et soumis au délai de *six mois* (1).

Dans les cantons de Dol et de Combourg, les congés des baux des maisons, quelle que soit d'ailleurs leur destination, peuvent être valablement donnés *trois mois* seulement d'avance.

Dans le canton de Vitré, on observe également pour les maisons destinées au commerce ou à l'industrie les mêmes délais que pour les maisons destinées à l'habitation.

3° *Rez-de-chaussée ne servant qu'à l'habitation*, même délai qu'au § 1, avec les mêmes exceptions et distinctions.

4° *Loyers au mois*. Le délai est de *quinze jours* dans les arrondissements de Rennes, Saint-Malo, Fougères, Vitré et Redon, et de huit jours seulement dans l'arrondissement de Montfort.

Dans ce cas, le ministère des huissiers n'est point usité, et le congé se donne verbalement devant témoins.

Une exception est consacrée par l'usage à l'égard des militaires en garnison, lesquels, en cas de départ, ne paient que le mois courant, et ne sont pas astreints à donner congé pour les chambres ou appartements garnis qu'ils occupent, ces appartements, d'après une loi du premier complémentaire an VII, n'étant alors censés loués qu'au jour.

5° *Maisons d'habitation dans les campagnes* (avec ou

(1) C'est ce qui résulte d'un jugement du tribunal civil de Rennes, du 15 mai 1854. Il s'agissait dans l'espèce d'un bail de trois écuries contiguës et d'une cour y attenante, consenti à un maître de poste. Le congé donné trois mois seulement d'avance fut déclaré insuffisant et non avenu, et il fut dit qu'en pareil cas, le délai à observer était celui indiqué au § 2.

sans jardin). Le délai est de *trois mois* dans les arrondissements de Rennes, Fougères, Vitré, Redon et Montfort, à l'exception du canton de Tinténiac, où le délai est de *six mois*, et du canton de Plélan, où l'usage est de donner congé au moins *quatre mois* à l'avance, et avec cette distinction, que le prix des locations, pour le délai de trois mois, ne doit pas excéder le chiffre annuel de 100 fr. dans le canton de Châteaubourg, et celui de 150 fr. dans les cantons de Rhetiers et de La Guerche. Au-dessus de ce prix, le délai pour ces trois cantons doit être porté à *six mois*.

6° *Fermes et métairies*. L'assolement étant triennal (V. l'art. 96), la jouissance des fonds ruraux, susceptibles d'être compris sous l'une ou l'autre de ces dénominations, cesse de plein droit, dans le cas de bail verbal comme dans celui de tacite réconduction, à l'expiration de chaque période de trois ans, conformément aux art. 1774 et 1775 du Code Napoléon (1).

Mais la notification d'un congé pour les baux des fermes et métairies devient indispensable dans les deux cas suivants :

1° Celui où l'acquéreur veut user de la faculté, réservée par le bail, d'expulser le fermier ou locataire en cas de vente. Le délai est ici fixé par la loi à un an. (C. Nap., art. 1748).

2° Celui où le bail, soit écrit, soit verbal, mais reconnu, a été convenu pour trois, six ou neuf ans, avec faculté pour chacune des parties de résilier à l'expiration de chacune de ces périodes (2). Le congé, d'après l'usage, est notifié, comme dans le premier cas, *un an* d'avance.

(1) Arrêt de la Cour impériale de Rennes du 6 août 1813.
(2) Consultation des anciens avocats du barreau de Rennes. — Code de police de Rennes, art. 1705.

Les congés de baux des fermes et métairies situées dans les cantons de Fougeray-le-Grand et de Pipriac peuvent être donnés six mois seulement d'avance.

7° *Moulins à eau ou à vent, papeteries et verreries, un an*, à l'exception de l'arrondissement de Vitré et du canton de Fougères, où le délai pour les moulins est de *six mois*, et du canton de Bécherel, où ce délai n'est que de *trois mois*.

88.

A compter du moment de la notification du congé, ou, si le bail expire de plein droit, à compter des différents délais ci-dessus fixés, suivant les cas, pour donner congé, le locataire sortant est tenu de laisser visiter par les personnes qui se présentent les appartements et les dépendances de la chose louée, pour en faciliter la relocation.

Et, si le bail porte cette clause que les parties devront se prévenir à une époque antérieure à celle que fixe l'usage ou la loi, l'obligation du locataire commence à cette époque, quelque antérieure qu'elle soit à celle qui résulte des délais fixés par la loi ou par l'usage. C'est la conséquence nécessaire de la convention.

89.

L'usage n'a pas déterminé quelle doit être chaque jour la durée de l'obligation imposée au locataire. A Rennes, d'après la jurisprudence du président du tribunal, comme juge des référés, et d'après celle des juges de paix, la durée de cette obligation est fixée à deux heures par jour, et l'indication en appartient au preneur (1).

(1) En cas de contestation sur la convenance de cette indication, c'est au juge à fixer celle qui doit le moins préjudicier à l'intérêt respectif des parties.

A Saint-Malo, la durée de l'obligation imposée au locataire est la même qu'à Rennes.

Cet usage s'observe également dans le cas de vente.

Il s'applique d'ailleurs aux chambres et appartements meublés loués au mois.

90.

Quant aux chambres et appartements garnis loués au mois, le locataire, indépendamment de la visite des lieux qu'il est tenu de souffrir pendant la quinzaine qui précède sa sortie, ne peut s'opposer à ce qu'un écriteau reste appendu à la fenêtre durant le même laps de temps. Cet usage, fondé sur la nécessité, et qui n'occasionne d'ailleurs aucun préjudice au locataire, est constant dans presque toutes les villes du département, notamment à Rennes, à Fougères, à Vitré et à Redon.

91

1. — Au jour fixé pour l'expiration du bail, le locataire sortant doit remettre, à midi, les clefs à celui qui lui succède, et qui commence son emménagement pendant que le premier procède lui-même à l'enlèvement de ses meubles (1).

En général, aucun délai n'est accordé au locataire pour cette opération, qui doit se faire sans interruption, sauf les cas de force majeure.

Cependant, si le jour de la sortie est férié, l'usage, dans

(1) A Rennes, depuis plusieurs années, l'usage tend à s'établir de commencer l'emménagement un certain nombre de jours avant l'époque de l'entrée en jouissance, suivant l'importance de l'appartement, ou tout au moins dès le matin du jour fixé : mais les clefs n'en restent pas moins au locataire sortant jusqu'à midi.

l'arrondissement de Fougères et dans les cantons de Saint-Malo, Combourg, Vitré, La Guerche, Rhetiers et Bécherel, est d'accorder au locataire un délai de vingt-quatre heures, ou jusqu'au lendemain, à midi.

Dans le canton de Vitré, le même délai est accordé au locataire lorsque la sortie coïncide avec un jour de marché au lieu de son domicile.

Dans l'arrondissement de Redon, l'usage donne au locataire un délai de quatre ou cinq jours pour l'enlèvement de ses meubles.

Sauf ces exceptions, le locataire sortant est obligé de s'entendre, s'il y a lieu, avec le locataire entrant, pour en obtenir un délai (1).

2. — Quant au fermier sortant, l'usage généralement suivi dans le département lui donne un délai de huit à quinze jours, suivant l'importance de la ferme, pour enlever ses meubles et ses récoltes, et pour emmener ses bestiaux, sans préjudice des logements et autres facilités qui lui sont dus pendant un plus long délai pour la façon de son cidre. (V. l'art. 124.)

92.

Le locataire d'un jardin d'agrément, sortant à la Saint-Jean, a le droit d'attendre la saison convenable pour l'enlèvement de ses plantes, fleurs et arbustes de décoration, en prouvant qu'il les a plantés. Il ne peut cueillir que les fruits qui ont atteint leur maturité avant sa sortie.

---

(1) En tout cas, la remise des clefs peu de jours après celui de l'entrée en jouissance ne donnerait pas lieu à la résiliation du bail, mais simplement à des dommages et intérêts. (Arrêt de la Cour de Rennes du 27 mai 1834.)

Dans le canton de Vitré, le locataire d'un jardin d'agrément n'a droit à aucun délai pour l'enlèvement de ses plantations.

Quant aux légumes, s'il a été dressé un procès-verbal d'état des lieux, on doit s'y conformer; sinon ceux qui ne sont pas enlevés à cette époque sont censés abandonnés au locataire entrant. Les arbres et arbustes à fruits ne peuvent être enlevés.

93.

1. — Il est d'usage, pour les jardins loués à des jardiniers, de faire, au commencement du bail, une estimation des légumes en terre, et d'estimer ceux qui existent à la sortie. Compensation est faite à cette époque, et il est tenu compte de la différence en argent.

Le jardinier entrant a le choix, ou de prendre les légumes au prix d'estimation, ou de souffrir qu'ils soient enlevés par le jardinier sortant dans un délai de trois mois.

2. — Quant aux jardins dont la sortie a lieu à la Saint-Michel, le locataire ou fermier a le droit d'attendre la saison convenable pour l'enlèvement de ses fruits et légumes qui ne parviendraient à maturité que postérieurement à sa sortie, et au plus tard jusqu'au 1er novembre.

94.

Les locataires ou fermiers ont, à défaut de stipulation contraire, le droit d'enlever les pépinières qu'ils ont plantées, et d'attendre la saison convenable pour la transplantation.

Cet usage ne peut être invoqué dans l'arrondissement de Fougères qu'autant que le commerce des arbres forme une partie de l'industrie du fermier.

95.

Il n'existe, soit pour les maisons, soit pour les biens ruraux, aucun délai fixé par l'usage pour établir la tacite réconduction ; elle s'induit du silence du propriétaire et de la continuation de jouissance du locataire. C'est au juge qu'il appartient de décider suivant les circonstances (1).

SECTION II. — *Dispositions particulières aux baux à ferme.*

96.

1. — A l'exception des cantons ci-après, l'assolement triennal est en usage dans tout le département (2).

La rotation des cultures a lieu de la manière suivante :

La première année , on sème généralement du blé-noir ou *sarrasin* ; cette culture est quelquefois remplacée par

---

(1) « Le bail cesse de plein droit à l'expiration du terme fixé, lorsqu'il a » été fait par écrit , sans qu'il soit nécessaire de donner congé. » (C. N. , art. 1737.)

« Si a l'expiration des baux écrits, le preneur reste et est laissé en pos » session, il s'opere un nouveau bail dont l'effet est réglé par l'article relatif » aux locations faites sans écrit. » (C. N., art. 1738.) V. l'art. 1736, cité page 114.

« Si à l'expiration des baux ruraux écrits , le preneur reste et est laissé » en possession , il s'opère un nouveau bail dont l'effet est réglé par l'ar » ticle 1774. » (C. N., art. 1776.)

(2) « Le bail sans écrit d'un fonds rural est censé fait pour le temps qui » est nécessaire, afin que le premier recueille tous fruits de l'héritage affer » mé. Ainsi le bail à ferme d'un pré , d'une vigne , et de tout autre fonds » dont les fruits se recueillent en entier dans le cours de l'année, est censé » fait pour un an. Le bail des terres labourables , lorsqu'elles se divisent » par *soles* ou *saisons* , est censé fait pour autant d'années qu'il y a de » soles. » (C. N., art. 1774.)

des pois, du lin, du trèfle, des pommes de terre, du colza, des navets.

La deuxième année, on sème du froment, du seigle, de l'orge ou du méteil.

La troisième année, on sème de l'avoine et quelquefois de l'orge, avec laquelle on sème généralement de la graine de trèfle, de manière à se procurer un fourrage précieux presqu'immédiatement après la récolte de l'orge. (V. l'article 100.)

D'après l'usage, on ne doit jamais faire d'avoine deux années de suite, ou comme on dit, semer avoine sur avoine.

Dans le canton de Saint-Malo, la rotation des cultures est différente par suite de la culture du tabac et de la non culture du sarrasin (dix hectares au plus).

Dans ce canton, les cultures se succèdent comme suit :
1° Tabac; 2° colza; 3° froment.

Le reste de la culture se fait en orge dans laquelle on sème des trèfles, luzernes, vesces, betteraves et légumes divers.

Les trèfle et luzerne sont cultivés dans la proportion de 3/20ᵉˢ, les vesces dans celle de 1/20ᵉ, et le trèfle incarnat de 1/40ᵉ.

2. — L'assolement biennal n'est usité que dans les cantons de Redon, Fougeray-le-Grand, Pipriac et Maure.

Dans ces quatre cantons, on sème la première année du blé-noir, et la seconde année, du froment, de l'orge, du seigle ou de l'avoine, de manière à intercaler toujours une récolte de blé-noir entre la culture de l'une de ces céréales.

97.

Le preneur de pièces détachées, dites *volantes*, est

soumis, quant à la culture et à l'assolement, aux mêmes obligations que le fermier d'une métairie.

Il doit laisser lesdites pièces à la fin du bail dans l'état où il les a reçues à son entrée.

Le canton de Rhetiers fait exception à cette règle. Dans ce canton, suivant un usage fort ancien, le bail sans écrit des pièces de terre labourable détachées, dites d'*avolage*, est toujours censé fait pour un an seulement.

98.

1. — L'usage constant et de plus en plus général est de dresser un procès-verbal d'état des lieux, lors de l'entrée en jouissance d'un nouveau fermier (1).

2. — Les frais d'expertise sont supportés moitié par le fermier entrant et moitié par le fermier sortant. Quant au procès-verbal que l'usage est de rédiger en double, l'un pour le propriétaire et l'autre pour le fermier entrant, il est payé par ce dernier.

99.

A l'exception des pailles et engrais, on ne donne d'estimation en argent à aucun des objets mentionnés au procès-verbal.

_____

(1) Les procès-verbaux d'état des lieux se rédigent de la manière la plus exacte et la plus détaillée, dans le but de prévenir toute contestation ultérieure. On doit y indiquer notamment la quantité des pailles et engrais existant sur la ferme, l'état des labours, l'étendue des pièces sous trèfles, ajoncs, etc., l'état des haies et clôtures, l'âge des émondes, le nombre des jeunes chênes découronnés, pièce par pièce ; le nombre des pommiers existant sur chaque champ, leur belle venue ou leur mauvais état, l'état des couvertures en chaume et bardeau, celui des barrières, des râteliers, créneaux, auges, échelles, crémaillères, vitres, portes, fenêtres, l'état du sol de la maison et de la cour, celui de l'aire à battre, etc.

Il n'y a d'estimation qu'à la fin du bail, pour les dégradations ou malversations commises par le fermier pendant sa jouissance. Le montant en est payé au propriétaire par le fermier sortant.

100.

Dans les arrondissements de Rennes, de Saint-Malo et de Fougères et dans le canton de Châteaubourg, l'usage autorise le fermier entrant à semer du trèfle sur les ensemencements en froment, seigle, orge ou avoine faits par le fermier sortant, au moment de la façon, à la condition de herser convenablement et en bonne saison.

Dans l'arrondissement de Fougères, le fermier entrant ne peut semer du trèfle qu'à la fin de l'hiver et dans les seules pièces ensemencées de froment de Toussaint par le fermier sortant.

Le fermier peut également planter des légumes dans les endroits inoccupés du jardin, et préparer au commencement de mars, lorsque l'entrée a lieu à la Saint-Georges, les terres dites chenevières destinées à la culture du lin et du chanvre.

Le fermier entrant peut, à partir du 1er novembre, disposer d'un tiers du jardin dans l'arrondissement de Fougères, et des deux tiers dans le canton de Vitré.

Dans l'arrondissement de Saint-Malo, le fermier entrant a la faculté de faire, avant son entrée en jouissance, les guérêts d'été, mais seulement dans la partie marais (1). Les labours nécessaires à cet effet ne peuvent avoir lieu

(1) Les premiers se font en mars et avril, les seconds en mai pour les marais blancs et en juillet pour les terres fortes, et les troisièmes à la fin de septembre ; les labours se font à la fin d'octobre et en novembre.

avant les mois de juillet et août, notamment après que les terres sont découvertes ou après une récolte de colza.

101.

Le fermier entrant peut encore arroser les prés, si le fermier sortant néglige de le faire, mais sous la condition de ne pas nuire à la jouissance du fermier sortant.

Dans l'arrondissement de Fougères, le fermier entrant ne peut arroser les prés qu'à compter du jour de Noël.

102.

Le fermier est obligé de cultiver toutes les terres de la ferme d'après l'usage établi pour la rotation des cultures : il ne peut en laisser aucune en friche pendant plus *d'une* année, sans une autorisation expresse, sauf pour les terres à genêts et ajoncs, à condition de les remettre en culture aussitôt que lesdits genêts et ajoncs ont atteint l'âge fixé pour la coupe.

L'obligation ci-dessus est sans application dans les cantons de Fougères et de Bécherel, où les terres sont laissées en friche durant *trois* années.

Quant aux pièces sous genêts ou ajoncs, elles ne peuvent être labourées qu'après *dix* années dans le canton de Fougères, et après *cinq* années dans le canton de Bécherel.

103.

1. — Le fermier n'a pas le droit de chasse sur les fonds de la ferme, s'il ne s'est réservé ce droit dans le bail par une clause spéciale (1).

(1) Arrêt de la Cour de Paris du 19 mars 1812. — Arrêt de la Cour de Rennes du 11 novembre 1835. — Arrêt de la Cour d'Angers du 14 août 1826.

2. — Il n'a pas non plus le droit de pêche dans les étangs et viviers. La même défense existe pour les rivières et cours d'eau non navigables, dont la pêche appartient de droit aux propriétaires riverains.

3. — Mais l'usage généralement suivi accorde au fermier la faculté de pêcher dans les ruisseaux et fossés non soumis à une pêche périodique, lorsque le propriétaire n'a fait aucune réserve à cet égard.

104.

1. — A l'exception des cantons de Hédé, Montfort, Montauban et Saint-Méen, où l'usage constant est de fournir au fermier le bois nécessaire à la confection et à la réparation de ses charrettes, charrues, herses et autres instruments aratoires, le propriétaire n'est tenu à aucune contribution pour ces divers objets (1).

2. — Dans tous les cas où le propriétaire est tenu, soit par l'usage, soit par le bail, de fournir au fermier du bois d'œuvre pour l'utilité de la ferme, ce bois est par lui désigné sur pied : le fermier l'abat et l'exploite à ses frais, et profite des débris de l'arbre.

3. — Le fermier peut employer à d'autres travaux qu'à ceux de la ferme les charrettes et instruments aratoires pour lesquels il a reçu, en tout ou en partie, le bois nécessaire, si cette faculté ne lui a été interdite par une clause spéciale.

(1) Lorsque le bail contient cette clause : que le propriétaire devra fournir au fermier le bois nécessaire à la confection des *armures* de charrettes, le fermier ne peut exiger au-delà de la pièce accessoire comprise sous cette dénomination.

105.

A défaut de convention, le propriétaire ne doit point fournir au fermier du bois de chauffage.

Celui-ci n'a droit qu'à la coupe périodique des émondes et des haies. (V. les art. 131 et 132.)

Néanmoins, dans quelques localités et notamment dans le canton du Grand-Fougeray, le fermier dispose des arbres fruitiers qui périssent de vétusté ou par suite de l'impétuosité des vents, mais à charge de les remplacer par le même nombre de jeunes arbres de belle venue.

106.

A défaut de stipulation expresse, le propriétaire ne peut, pendant le cours du bail, abattre aucun des arbres émondables et fruitiers sans indemnité, si ce n'est pour la reconstruction ou la réparation des bâtiments de la ferme.

Et si le propriétaire s'est réservé, par une clause spéciale, la faculté d'abattre le bois qu'il juge à propos, le fermier peut, en cas d'abus, demander des dommages-intérêts, et même la résiliation du bail.

107.

Lorsque le propriétaire vend sur pied des arbres émondables par essence, il est d'un usage général que l'acheteur en abandonne les émondes au fermier, auquel elles appartiennent.

108.

Dans l'arrondissement de Montfort, et dans les cantons de Châteaugiron, Janzé et Liffré, l'usage oblige le fermier, en l'absence de stipulation contraire, au charroi des matériaux nécessaires aux réparations d'entretien seulement; mais, à l'exception de ces localités, le fermier ne peut être tenu à aucun charroi gratuit sans convention expresse.

109.

L'écobuage est admis dans la majeure partie du département, notamment dans les arrondissements de Rennes, Montfort, Fougères et Vitré (1).

Il n'est pas permis, au contraire, dans l'arrondissement de Saint-Malo, dans une partie de l'arrondissement de Redon, ni dans les cantons d'Argentré, Châteaugiron et Liffré. Dans ces diverses localités, le fermier ne peut écobuer sans l'autorisation expresse du bailleur.

Le fermier ne peut, dans aucun cas, employer à fumer d'autres champs les cendres provenant de l'écobuage : elles doivent être exclusivement utilisées pour l'amélioration du sol où l'on a pratiqué cette opération.

110.

Le fermier peut lever les forrières ; mais il ne peut *dépater* ni *rigoler* qu'à la distance de deux mètres au moins du pied des talus sur lesquels il existe des plantations, et à la condition qu'il n'en résulte aucun dommage pour lesdites plantations.

(1) Souvent il devient nécessaire, dans une exploitation rurale, de rompre une ancienne prairie ou un terrain en friche couvert de gazon, pour le mettre en culture. La méthode généralement usitée en pareil cas consiste à enlever, à la profondeur de 82 mill. (3 pouces) au plus, la couche des végétaux qui forme la surface du sol, pour la convertir en cendres que l'on répand ensuite sur toute la même étendue : c'est ce qu'on appelle *écobuer*.

111.

Le fermier est tenu, pendant toute la durée de son bail, d'*étaupiner* les prairies et de les entretenir *à faux courante.*

Il doit les *fermer*, c'est-à-dire en défendre l'accès au bétail, à compter des époques ci-après :

Le 2 février (jour de la Chandeleur), dans les arrondissements de Rennes, Saint-Malo, Montfort et Redon (moins le canton de Pipriac), et dans les cantons d'Antrain, Saint-Aubin-du-Cormier et Rhetiers;

Le 1er mars, dans les cantons de Fougères, Vitré, Argentré, Châteaubourg, La Guerche et Pipriac;

Le 25 décembre, dans les cantons de Saint-Brice et de Louvigné-du-Désert.

112.

1. — Le fermier sortant peut faire paître ses bestiaux sur les prés de la ferme jusqu'au jour de sa sortie, à midi, si le bail expire le 29 septembre ou le 1er novembre, et sur les *vagues* et *pâtis* seulement, dans le cas de sortie au 23 avril.

2. — Il peut, jusqu'à la fin de son bail, dans l'arrondissement de Fougères, couper l'herbe des *noes* et *bourbes* qui se trouvent sur la ferme et *hors les prairies,* mais il ne peut les faire paître.

113.

Le fermier a la faculté, *pendant le cours du bail*, de vendre des pailles, autres que les pailles dites d'*écot* et celles de blé-noir récoltées sur la ferme, pourvu qu'il fume et amende suffisamment les terres.

9

Cette faculté est interdite au fermier, dans l'arrondissement de Fougères et dans les cantons de Combourg, Pipriac et Montfort.

Il est tenu de laisser *à sa sortie* toutes les pailles de la récolte de l'année, soit sur pied, soit amoncelées sur les emplacements à ce destinés, suivant les lieux, de même que les engrais.

114.

Dans les arrondissements de Rennes, Montfort, Saint-Malo (moins le canton de Combourg), le fermier sortant coupe les *pailles* et *chaumes*, et les amoncèle sur les lieux à ce destinés.

Dans les arrondissements de Fougères, Redon et Vitré, et dans le canton de Combourg, l'usage, au contraire, est de les laisser sur pied.

Dans l'un et l'autre cas, les pailles et chaumes doivent être coupés à la hauteur usitée pour le *sciage*, suivant les distinctions ci-après :

Le *froment* se coupe par pied, sauf dans les cantons ci-après, où la hauteur est fixée, savoir :

Saint-Aubin-d'Aubigné .... 0 m. 40 c.

Fougères et Vitré.................... 0 m. 33 c.

Saint-Brice et Louvigné-du-Désert...... 0 m. 16 c.

L'*avoine* se coupe également par pied, sauf dans trois cantons, où la hauteur est fixée comme suit :

Fougères .... 0 m. 33 c.

Saint-Brice et Louvigné-du-Désert...... 0 m. 16 c.

Le *seigle* se coupe le plus souvent à.... 0 m. 44 c. sauf dans le canton d'Antrain, où la hauteur usitée est de................................. 0 m. 50 c.

L'*orge* se coupe par pied.

Le *méteil* ou *méleard* se coupe partout à.   0 m. 33 c.

Dans l'arrondissement de Fougères, les pièces volantes sont soumises aux règles ci-dessus.

Dans le canton de Vitré, toute récolte en grains, lorsqu'il s'agit de pièces volantes, se coupe à 0 m. 33 c. l'année de sortie.

115.

Les *foins des prairies naturelles* sont assimilés, le plus généralement, aux pailles : le fermier peut en vendre, durant le cours du bail, jusqu'à concurrence de ce qui excède les besoins de l'exploitation.

Cette faculté lui est interdite dans les cantons de Combourg, Pipriac et Montfort, et dans tout l'arrondissement de Fougères.

Quant au fermier sortant, il ne peut s'approprier aucune partie des foins de l'année, sauf les distinctions ci-après :

116.

1. — L'usage accorde au fermier, lors de sa sortie, une certaine quotité des *foins* de la dernière récolte, à charge de les faire consommer sur les lieux pour les besoins de l'exploitation et pour ses charrois de sortie, mais sans pouvoir disposer de l'excédant, s'il en existe au jour de sa sortie.

2. — Cette quotité est du quart dans les arrondissements de Montfort et de Rennes. Cependant, le fermier n'y a droit, dans le canton de Liffré, qu'en constatant par procès-verbal qu'il ne l'a pas reçue à son entrée.

3. — Elle est également fixée au quart dans l'arrondissement de Redon, moins les cantons de Fougeray, Pipriac

et Maure, où le fermier ne peut prétendre à aucune portion des foins de l'année.

4. — Dans l'arrondissement de Vitré, le fermier dispose du cinquième des foins pour les causes et sous la condition précitées, lorsque sa sortie a lieu le 1er novembre, sauf le canton de Rhetiers, où le fermier n'a droit qu'à la quantité strictement nécessaire pour ses travaux et ses derniers charrois.

5. — En ce qui concerne l'arrondissement de Fougères, il faut distinguer entre la sortie du jour Saint-Michel (29 septembre) et la sortie du jour Saint-Georges (23 avril). Dans le premier cas, le fermier n'a aucun droit aux foins ; dans le second, il peut prendre la quantité strictement nécessaire pour ses charrois de sortie et la façon de ses guérets.

6. — Dans l'arrondissement de Saint-Malo, les foins appartiennent en entier au fermier sortant ; s'il est obligé d'en laisser, par une clause du bail, et que ce qui lui reste ne suffise pas à la nourriture de ses bestiaux jusqu'à sa sortie, l'usage l'autorise à disposer de la quantité strictement nécessaire jusqu'à cette époque.

117.

1. — Les *foins des prairies artificielles*, *trèfles*, *luzernes*, etc., les *regains*, ainsi que le *foin de friche*, appartiennent en entier au fermier, qui peut en disposer comme bon lui semble, même l'année de sa sortie.

2. — Il dispose également des *légumes-fourrages*, tels que *betteraves*, *navets*, *carottes*, etc.

Quant aux *choux-fourrages* (*choux communs*, *brocolis*, *choux à vaches*), le fermier doit les laisser sur pied avec leur œil. Il est de plus obligé, dans l'arrondissement de

Fougères, à laisser au fermier entrant un plant de choux fait à la Toussaints qui précède sa sortie, et d'une étendue proportionnée aux besoins de la ferme.

3. — Le fermier sortant le 29 septembre a la faculté d'attendre, pour la récolte des *légumes* et *fruits*, qu'ils soient parvenus à maturité, et au plus tard, jusqu'au 1er novembre.

La même faculté lui est accordée pour l'enlèvement de ses *pommes de terre*, dans le cas de sortie au 23 avril.

118.

Les *ajoncs*, *bruyères* et les *genêts au-dessous de trois ans* peuvent être vendus par le fermier durant le cours du bail, s'il y a excédant d'engrais eu égard aux besoins de la ferme.

Le fermier ne peut disposer d'aucun des produits ci-dessus, si ce n'est dans le canton de Saint-Malo, durant la dernière année de son bail.

Il ne peut en vendre aucune partie quelconque durant tout le cours du bail, dans les cantons de Combourg, Pipriac et Montfort.

119.

1. — Les *fumiers* provenant des étables et écuries doivent être exclusivement employés à l'amélioration des cultures. Le fermier ne peut en vendre ni durant sa jouissance, ni l'année de sa sortie.

Cette interdiction n'existe pas dans le canton de Saint-Malo, pour le fermier sortant.

2. — Les *cendres* et *charrées* appartiennent au fermier

sortant, de même que les *suies* et les *poussiers de blé-noir*.

3. — Les *balles d'avoine* appartiennent également au fermier sortant, sauf dans l'arrondissement de Fougères et dans le canton de Châteaubourg, où elles se partagent par moitié entre le fermier entrant et le fermier sortant.

4. — Ce dernier dispose seul des *genêts au-dessus de trois ans*.

120.

Les *produits des prairies naturelles*, les *balles d'avoine* et *poussiers de blé-noir*, les *cendres* et *charrées autres que celles de four et de foyer* sont assimilés aux *pailles* et *engrais* quant au droit de rétention dont peut user le propriétaire, suivant l'estimation à dire d'experts. (Code Nap., art. 1778.)

121.

1.—Le volume de la *charretée de fumier* est déterminé comme suit :

Dans les cantons de Rennes, Châteaugiron, Janzé, Châteaubourg, La Guerche et Rhetiers.. 2 m. 370 c. (64 p. c.)

Dans les arrondissements de Saint-Malo et de Montfort, et dans les cantons de Saint-Aubin-d'Aubigné, Hédé, Vitré et Argentré . . . . 2 m. » c. (54 p. c.)

Dans les arrondissements de Fougères et de Redon, et dans le canton de Liffré. . . . . 1 m. » c. (27 p. c.)

2. — Pour que le fumier soit recevable et puisse être mesuré comme ci-dessus, sa mise en tas ou en assemblage doit remonter au moins à quinze jours.

122.

La *charretée de paille* quant au volume est ainsi fixée :
Dans les arrondissements de Rennes, Fougères, Vitré
et Montfort...................... 8 m. c. (216 p. c.)
Dans l'arrondissement de Redon... 4 m. c. (108 p. c.)
Dans l'arrondissement de Saint-Malo, la charretée de
paille s'évalue au poids : elle doit peser.... 1,000 kilog.

La *charretée de foin* est fixée le plus généralement à
500 kilog., sauf dans l'arrondissement de Saint-Malo, où
la charretée de foin est de 1,500 kilog., et dans le canton
de Bécherel, où elle doit peser 1,000 kilog.

La charretée de *bois de chauffage* est le plus souvent
de trois stères.

Celle de *grands fagots*, de cent fagots.

123.

1. — Le fermier sortant est tenu de laisser à celui
qui le remplace des terres labourables dans une certaine
proportion, soit, et c'est ce qui a lieu le plus généralement, après une récolte ou en *compost* de blé-noir, soit
après une récolte de plantes sarclées.

Dans les arrondissements de Rennes, Saint-Malo et
Montfort, le fermier sortant doit laisser en compost de
blé-noir ou sarrasin *un tiers* des terres labourables.

On considère comme compost équivalent, moyennant
fumure convenable, dans l'arrondissement de Saint-Malo,
les pommes de terre, les choux, pois, vesces, trèfles, luzernes et autres.

Dans l'arrondissement de Fougères et dans les cantons

d'Argentré, La Guerche et Rhetiers, le fermier laisse également le *tiers* en compost de blé-noir, si la sortie a lieu aux époques du 29 septembre ou du 1er novembre. Dans le cas de sortie à l'époque du 23 avril, le fermier ne peut au contraire cultiver en sarrasin plus d'un *sixième*. Dans les cantons de Vitré et de Châteaubourg, le fermier sortant le 23 avril ne peut cultiver aucune des terres en sarrasin l'année de sa sortie.

Dans l'arrondissement de Redon, le fermier sortant laisse en compost *la moitié* des terres dans le cas d'assolement biennal, et *le quart* seulement si l'assolement est triennal.

2. — Lorsque le fermier ne laisse pas en compost la proportion à laquelle il est obligé, il peut la compléter en donnant une terre labourée d'une semblable étendue, sauf dans le canton de Saint-Aubin-d'Aubigné, où l'inexécution de l'obligation se traduit en dommages-intérêts.

124.

Le fermier sortant à la Saint-Michel a le droit de façonner son cidre au pressoir de la ferme qu'il quitte; il prend sur les lieux la paille pour pressurer et l'osier nécessaire pour la réparation de ses tonneaux.

Il peut, en général, disposer du pressoir et des celliers jusqu'au jour de Noël, et jusqu'au 1er novembre seulement dans le canton de Maure. Dans le canton de Combourg, le fermier enlève son cidre à mesure qu'il remplit ses tonneaux.

Cet usage ne s'observe pas dans le canton de Bécherel : le fermier sortant transporte ses pommes dans sa nouvelle demeure.

125.

Dans le canton d'Argentré, où les fermes sont pour la plupart à moitié fruits, et dans quelques autres localités comprises dans l'arrondissement de Vitré, le fermier sorti à la Toussaints, et qui, suivant un usage particulier à ces localités, a ensemencé la terre après sa sortie, a la faculté de venir en faire les récoltes au mois d'août suivant : ces récoltes sont désignées sous le nom *d'arrière-levées* (1).

SECTION III. — *Dispositions communes au fermier et à l'usufruitier. (C. Nap., art. 590, 591 et 593.)* (2)

126.

Lorsque les bois taillis ne se trouvent pas, à l'ouverture du bail ou de l'usufruit, en exploitation régulière, et que l'aménagement n'en a pas été réglé par l'usage constant des propriétaires, le fermier ou l'usufruitier doit en faire la coupe en sève de neuf ans.

---

(1) M. Corvoisier, juge de paix du canton d'Argentré, en constatant l'existence de cet usage dans son canton, fait connaître que de fréquentes difficultés en sont la conséquence, surtout en ce qui concerne le transport des grains au domicile du propriétaire, la ferme étant à moitié. Est-ce au fermier sorti ou au fermier entrant à faire ce transport ? En l'absence de documents suffisants pour asseoir une décision, il semblerait assez naturel que le fermier entrant, ayant sur les lieux ses domestiques et ses attelages, fût de préférence chargé de transporter les récoltes chez le propriétaire.

(2) « Si l'usufruit comprend des bois taillis, l'usufruitier est tenu d'ob-
» server l'ordre et la quotité des coupes, conformément à l'aménagement ou à *l'usage constant* des propriétaires ; sans indemnité, toutefois, en fa-
» veur de l'usufruitier ou de ses héritiers, pour les coupes ordinaires, soit

Il faut excepter les bois taillis situés dans l'arrondissement de Saint-Malo, lesquels se coupent tous les six ans,
lorsqu'ils sont en tout ou en partie composés de souches de
châtaignier. Lorsque cette essence occupe le même taillis
que le chêne, on fait un triage : le châtaignier se coupe en
sève de six ans, le chêne en sève de neuf ans.

L'époque de la coupe est fixée, comme pour les émondes,
aux mois de février et de mars.

Le nombre d'arbres ou baliveaux à laisser dans chaque
coupe est généralement indéterminé.

Il n'existe, à cet égard, d'usage constant que dans l'arrondissement de Redon, où l'on doit laisser de 15 à 20 baliveaux de toute essence par hectare, et dans le canton de
Liffré, où l'on doit en laisser 50.

Partout ailleurs, on laisse ordinairement tous les arbres
de belle venue, et qui ne sont pas sur souche.

127.

Le fermier et l'usufruitier doivent remplacer, au fur et

» de taillis, soit de baliveaux, soit de futaie, qu'il n'aurait pas faites pen-
» dant sa jouissance.

» Les arbres qu'on peut tirer d'une pépinière ne font aussi partie de
» l'usufruit qu'à la charge par l'usufruitier de se conformer aux *usages des*
» *lieux* pour le remplacement. (C. N., art. 590.)

» L'usufruitier profite encore, toujours en se conformant aux époques et
» à l'usage des anciens propriétaires, des parties de bois de haute futaie
» qui ont été mises en coupes réglées, soit que ces coupes se fassent pé-
» riodiquement sur une certaine étendue de terrain, soit qu'elles se fassent
» d'une certaine quantité d'arbres pris indistinctement sur toute la surface
» du domaine. (C. N., art. 591.)

» Il peut prendre, dans les bois, des échalas pour les vignes ; il peut
» aussi prendre, sur les arbres, des produits annuels ou périodiques ; le
tout suivant l'usage du pays ou la coutume des propriétaires. (C. N., article 593.)

à mesure de l'enlèvement, les arbres qu'ils tirent d'une pépinière, par le même nombre de jeunes plants de la même espèce et d'une belle venue.

La nouvelle pépinière peut être établie, soit dans le même terrain, soit, et mieux encore, dans un autre terrain.

128.

Le fermier ne peut, en aucun cas, enlever la feuille verte des ormes ou de toute autre espèce d'arbres, pour la nourriture de ses bestiaux.

La même défense s'applique à l'usufruitier.

129.

En l'absence de convention, et à défaut d'un usage suivi par le propriétaire, les étangs ne peuvent être pêchés que tous les trois ans, pendant le carême.

130.

Les arbres qu'il est permis d'émonder sont :

1° L'aune, le bouleau, le saule ;

2° Le chêne, l'orme, le frêne, le hêtre, le châtaignier et le peuplier, lorsqu'ils ont été déjà émondés.

Ces arbres cessent d'être émondables :

1° Quand ils ont été plantés en avenues, bosquets ou *rabines* (1) ;

2° Quand le propriétaire a voulu qu'ils ne fussent pas émondés ;

3° Quand on a laissé passer neuf ans sans les émonder.

---

(1) On appelle *rabine*, en Bretagne, une plantation d'arbres disposés sur une ou plusieurs lignes.

Les arbres fruitiers, les arbres verts, ceux d'ornement ou de décoration, ne peuvent être émondés qu'avec l'autorisation du propriétaire (1).

131.

1. — La coupe des émondes se fait en sève de six ou de neuf ans, suivant la durée des baux (2), sauf dans l'arrondissement de Saint-Malo (moins les cantons de Combourg, Tinténiac et Pleine-Fougères), où les arbres ne s'émondent que tous les sept ans.

2. — Les bois dits *courants* et *piquants*, croissant sur les talus et destinés à former les haies, tels que houx, épines, ronces, ajoncs, sureaux, etc., se coupent en même temps que les émondes, tous les six ou tous les neuf ans, si ce n'est dans les cantons de Rennes, Saint-Malo et Pleurtuit, où l'usage est de les couper tous les trois ans.

3. — Les ajoncs, les haies donnant sur jardins et les haies de saules peuvent se couper tous les trois ans.

La coupe autre que celle des haies des jardins s'effectue rez terre, et partout l'usage impose au fermier et à l'usufruitier l'obligation de réparer les fossés.

4. — Le fermier doit avoir soin de conserver et d'élever tous les jeunes arbres de belle venue qui se rencontrent dans les haies, ainsi que les épines nécessaires pour le plessage. La même obligation existe pour les haies de saules dans les prairies.

(1) Commentaire de la Grande Coutume, art. 468, n° 4 (t. 3, p. 275.)

(2) Cet usage est confirmé par un arrêt de la Cour de Rennes, du 23 février 1835, lequel constate « que, suivant la coutume généralement observée en Bretagne et la nature du bail à ferme, l'usage des coupes est déterminé par la durée du bail. » (Journal de la Cour, t. 10, p. 71.)

152.

La coupe des émondes et des haies se fait dans le courant de février et de mars.

Le fermier ne peut avancer ni retarder l'époque de la coupe, quant à l'âge des émondes ou à la saison de l'émondage, sans se rendre passible de dommages-intérêts. Il n'a aucun droit aux émondes âgées de dix ans et au-dessus, lesquelles sont réputées branches anciennes, et appartiennent au propriétaire sans indemnité (1).

153.

A l'exception du saule commun (2), le fermier et l'usufruitier ne peuvent écouronner aucun arbre sans l'autorisation expresse du propriétaire.

SECTION IV. — *Des baux à moitié fruits.*

154.

Les baux à moitié fruits ne sont guère en usage que dans les arrondissements de Vitré et de Redon, et dans quelques cantons des arrondissements de Saint-Malo et de Fougères.

Celui qui fait valoir une ferme à moitié fruits est soumis aux mêmes obligations que le preneur d'une ferme à prix d'argent, sous les modifications suivantes :

Il fournit la moitié des bestiaux et des semences de toute nature.

---

(1) Arrêt de la Cour de Rennes, du 23 février 1835.

(2) On est dans l'usage, dit le *Bon Jardinier*, de l'étêter, et ensuite de lui couper les branches tous les deux ou tous les trois ans.

Il exécute à ses frais tous les travaux de culture et d'exploitation.

Les grains et les graines de toute espèce sont convenablement nettoyés, les lins et les chanvres broyés et teillés, les cidres faits à mesure de la maturité des fruits et entonnés avant le partage.

Les fruits se partagent par égale moitié entre le propriétaire et le fermier; mais les abeilles, les légumes du jardin et le lait de beurre appartiennent à ce dernier.

Il ne peut, sans le consentement du propriétaire, vendre, changer ni acheter aucun bétail.

Il doit conduire à ses frais, aux foires ou marchés convenus, les bestiaux destinés à être vendus, et remettre au propriétaire, à son domicile, la moitié du produit de la vente.

La moitié de tous les produits revenant au propriétaire doit être transportée au domicile de celui-ci.

Le fermier doit, en outre, aller chercher au domicile du propriétaire les tonneaux destinés à recevoir la part de cidre qui lui revient. Le propriétaire et le fermier entretiennent chacun ses tonneaux : s'ils sont communs, ils sont entretenus à frais communs.

Les engrais étrangers sont payés par moitié, et voiturés aux frais du fermier, qui va les prendre aux endroits où la vente s'en fait d'ordinaire.

La contribution foncière est aussi payée par moitié.

Dans le canton de Pleurtuit, lorsqu'il est stipulé qu'une partie du prix sera payée en argent, le preneur, d'après l'usage, est considéré comme déchargé de la contribution foncière.

155.

Dans le canton de Pipriac, le bailleur n'a aucune part au croît des bestiaux ; la contribution foncière est à sa charge ; mais il reçoit du preneur, sous la dénomination de *petite ferme*, une rétribution en argent représentant le tiers du produit de la chose louée.

Le même usage s'observe, quoique moins fréquemment, dans le canton du Grand-Fougeray : lorsqu'il est stipulé que le preneur n'aura à sa charge ni l'impôt ni la totalité des bestiaux. Celui-ci alors, tout en ayant droit à la totalité du croît, paie au bailleur une *petite ferme*, évaluée au cinquième ou au quart du prix de la moitié des grains.

SECTION V.—*Dispositions particulières aux locataires.*

156.

Lorsqu'une maison est habitée par plusieurs locataires, la fermeture de la porte d'allée, le balayage et l'arrosement de la voie publique devant la maison, ainsi que le balayage de la cour et des allées communes, sont à la charge de ceux qui habitent le rez-de-chaussée; le balayage de la voie publique, lorsqu'elle est bordée par un mur de cour ou de jardin, est à la charge des locataires de la cour ou du jardin. Le locataire du premier étage balaie l'escalier qui y conduit ; celui du second étage balaie le sien, et ainsi de suite.

SECTION VI. — *Dispositions particulières aux meuniers.*

157.

A défaut de stipulation, les tournants et travaillants des

moulins à eau et des moulins à vent sont remboursés par le meunier entrant au meunier sortant. L'estimation du renable est faite à l'entrée et à la sortie, et il est tenu compte de la différence soit au meunier entrant, soit au meunier sortant, suivant qu'il y a eu amélioration ou détérioration.

SECTION VII. — *Des réparations locatives.*

Dispositions communes aux fermiers et aux locataires.

158.

L'art. 1754 du Code Napoléon énumère les principales réparations locatives et renvoie pour le surplus à l'usage, comme suit : « Les réparations locatives ou de menu en- » tretien dont le locataire est tenu, s'il n'y a clause con- » traire, sont celles désignées comme telles par l'*usage* » *des lieux*, et entre autres les réparations à faire :

» Aux âtres, contre-cœurs, chambranles et tablettes des » cheminées ;

» Au recrépiment du bas des murailles des appartements » et autres lieux d'habitation, à la hauteur de 1 mètre ;

» Aux pavés et carreaux des chambres, lorsqu'il y en a » seulement quelques-uns de cassés ;

» Aux vitres, à moins qu'elles ne soient cassées par la » grêle ou autres accidents extraordinaires et de force ma- » jeure dont le locataire ne peut être tenu ;

» Aux portes, croisées, planches de cloison ou de ferme- » ture de boutiques, gonds, targettes et serrures. »

Les dispositions de l'art. 1754 sont, d'après l'usage, communes aux fermiers et aux locataires.

Outre les réparations locatives énumérées dans l'article 1754, l'usage met, de plus, à la charge des fermiers et locataires :

1° Le ramonage des cheminées, sauf dans les cantons de Saint-Malo, Saint-Servan et Châteauneuf, où le propriétaire en demeure chargé ;

2° Le nettoyage des vitres ;

3° L'entretien des poulies et margelles des puits ;

4° L'achat et l'entretien des cordes de puits ;

5° Les réparations aux fourneaux et lavoirs ;

6° L'entretien des crémaillères scellées ;

7° Les vitraux maintenus par un châssis de plomb, dans l'arrondissement de Saint-Malo et à Rennes, par exception à l'art. 1754 ;

8° L'achat, l'entretien et la vidange, mais seulement dans la ville de Saint-Malo, des vases en bois ou en terre destinés à suppléer aux puits et fosses d'aisances, dont le défaut est presque absolu dans cette ville.

Dispositions particulières aux fermiers.

159.

1. — Quels que soient les matériaux employés aux couvertures, chaume, paille, ardoises, essendes ou bardeau, le locataire de bâtiments seulement, soit dans les villes, soit à la campagne, n'est tenu à aucune réparation d'entretien des couvertures.

La même règle est suivie dans l'arrondissement de Fougères lorsque le bail comprend, avec la maison, un jardin, plus une pièce de terre nommée friche (1).

(1) Cavé, *Usages locaux* de l'arrondissement de Fougères (art. 23 et 32).

2. — Lorsque les bâtiments, au contraire, ne sont que l'accessoire d'une exploitation agricole ou d'un corps de ferme, le locataire ou plutôt le fermier est tenu généralement à la réparation des couvertures, suivant les distinctions ci-après :

140.

1. — Le preneur d'immeubles constituant une ferme doit les réparations d'entretien des *couvertures en chaume* ou paille, sauf dans l'arrondissement de Saint-Malo, dans le canton de Bécherel et dans la ville de Châteaugiron, où le propriétaire en demeure chargé.

Le fermier fournit la paille, autant qu'il est possible d'en recueillir sur la ferme; il la fait placer à ses frais et profite de la vieille paille.

Le propriétaire fournit le surplus des matériaux, et notamment le bois; il peut cependant indiquer sur la ferme un ou plusieurs pieds d'arbres, le fermier les fait exploiter à ses frais et profite des vieux matériaux devenus inutiles.

2. — Dans les arrondissements de Fougères et de Redon, dans les cantons d'Argentré, Châteaubourg, Rhetiers, La Guerche, Janzé, Saint-Aubin-d'Aubigné et dans la partie rurale du canton de Châteaugiron, les réparations d'entretien des *couvertures en ardoises* sont également à la charge du fermier, mais la fourniture des matériaux incombe au propriétaire.

3. — La même règle s'applique aux *couvertures en essendes* ou planchettes en bois dans celles des localités ci-dessus où ce mode de couverture est en usage.

141.

Dans le cas de destruction totale ou partielle de la couverture par un ouragan ou par toute autre cause de force majeure, le fermier chargé de l'entretien ne contribue en rien à la réparation. Il n'existe d'exception que pour l'arrondissement de Fougères, où l'usage constant oblige le fermier à payer le tiers de la réfection, quelle que soit la durée de sa jouissance.

142.

L'usage met encore à la charge des fermiers :

1° Le redressement et le nivellement des cours, de l'aire à battre les grains, et du sol en terre des maisons et des étables, celliers, etc. ;

2° La réparation des sous-seuils des portes et des murettes qui supportent les cloisons en bois et terre ;

3° La réparation des haies et fossés, qui doivent être rendus en état défensable, et celle des chemins d'exploitation ou de servitude, dont les ornières doivent être comblées ;

4° Les réparations aux pavés des fours, lorsqu'il y en a seulement quelques-uns de cassés ;

5° Les réparations et réfections des barrières, claies, échaliers, échelles, crèches, râteliers, auges, noues, etc. ;

6° La réparation des pressoirs. Cependant cet usage n'existe pas d'une manière constante dans les cantons de Saint-Aubin-du-Cormier et d'Argentré. Dans les cantons de Saint-Brice et de Bécherel, le fermier n'est tenu qu'à la réparation des pièces ordinaires ; celles des grosses pièces, telles que fûts, jumelles, etc., ne sont à sa charge que si elles sont détériorées par sa faute et non par vétusté.

143.

Le bois nécessaire à la confection des objets mentionnés aux n°s 5 et 6 est fourni et désigné sur pied par le propriétaire ; l'abattage, le transport et la main-d'œuvre sont à la charge du fermier, qui a droit, à titre d'indemnité, aux branches, racines, coupelles et déchets de l'arbre exploité, à charge de relever les talus.

Dispositions particulières aux locataires.

144.

L'usage met à la charge des locataires :

1° La réparation des tabliers de cheminées ;

2° Celle des fourneaux d'attache, des dalles et éviers ;

3° Le recrépiment des murailles à la hauteur d'un mètre, et le blanchîment à la chaux des murailles et du plafond à leur sortie, s'ils l'ont reçu à leur entrée ;

La réparation des peintures, des tapisseries et des devants de cheminées, lorsqu'il y a faute imputable aux locataires.

A Saint-Malo, les tapisseries et les devants de cheminées avec leurs toiles sont fournis par les locataires qui peuvent en disposer, comme bon leur semble, à leur sortie.

5° L'entretien et la réparation des *filets* (1) et cordes des jalousies ;

6° La réparation et l'entretien des allées de jardins ;

7° La taille des arbres fruitiers, des vignes, haies et bordures ;

(1) Rubans de fil ou de coton.

8° La réparation des treillages ordinaires, et la fourniture des échalas, gaules et tuteurs.

Les treillages de menuiserie et ceux de *paisseau* (1) demeurent à la charge du propriétaire, à moins qu'ils n'aient été détériorés par la faute du locataire.

Dispositions particulières aux meuniers.

145.

Les édifices contenant les moulins et les bâtiments qui en dépendent sont soumis, pour les réparations locatives, aux mêmes règles que les maisons d'habitation ; et de plus, aux réparations ci-après :

1° Celles des palées des moulins à eau ;

2° Les réparations des vannes ;

3° Celles des tournants et travaillants ;

4° Celles de la charpente servant à élever ou abaisser la roue, dans les rivières sujettes à varier ;

5° Celles des ustensiles et objets mobiliers servant à l'exploitation du moulin, lorsqu'ils n'appartiennent pas au meunier (2) ;

6° Celles des digues destinées à retenir l'eau, à l'exception des digues des moulins de marées et des chaussées des étangs qui sont réparées par le propriétaire ;

7° L'enlèvement des attérissements et le curage du bief.

(1) Branches de châtaignier refendu.

(2) Si le moulin est *au grand renable*, tout ce qui tourne est la propriété du meunier ; s'il est loué *au petit renable*, les objets mobiliers compris au n° 5 sont seuls sa propriété. Dans l'un et l'autre cas, le bail en contient ordinairement l'énumération et en règle les conditions.

Dispositions générales.

146.

« Aucune des réparations réputées locatives n'est à la
» charge des locataires, quand elles ne sont occasionnées
» que par vétusté ou force majeure. » (C. Nap., art. 1755.)

147.

Le propriétaire doit exiger lui-même les réparations locatives du locataire ou du fermier sortant. Le locataire ou
le fermier entrant ne lui est jamais subrogé à cet égard
sans une délégation expresse.

148.

Il n'est accordé aucun délai d'usage au locataire ou au
fermier sortant pour faire les réparations locatives dont il
est tenu. Sauf le cas de force majeure, elles doivent être
terminées avant le jour de sortie ; sinon le locataire ou le
fermier sortant est obligé de souffrir qu'elles soient faites
à ses frais, ou d'en payer la valeur à dire d'experts.

149.

L'action du propriétaire contre le locataire ou le fermier
sortant se prescrit par un an, à compter du jour de la
sortie.

APPENDICE.

SECTION I. — *Du contrat de souhaitage* (1).

150.

Dans le contrat de *souhaitage*, celui des contractants pour lequel se fait le travail est obligé de pourvoir à la nourriture des personnes et des animaux, pendant la durée du travail seulement. Chacun des propriétaires est chargé de l'entretien des bêtes et des harnais qui lui appartiennent.

La tacite réconduction n'est pas admise pour le souhaitage ; la convention dure un an, et se renouvelle après la façon des blés-noirs, s'il y a lieu.

Dans le canton de Bécherel, le contrat de souhaitage se forme au commencement de chaque saison de labours et finit avec elle.

SECTION II. — *Du contrat improprement appelé Cheptel.*

(C. Nap., art. 1831.)

Bail de vache à lait, autrement dit *à beurrage* **ou**
au premier lassé.

151.

1. — Dans le bail de vache à lait, le preneur est obligé, outre le logement et la nourriture qu'il fournit à l'animal,

---

(1) On appelle ainsi celui qui a lieu lorsque deux fermiers se prêtent mutuellement leurs domestiques et leurs bêtes de trait pour s'aider dans leurs travaux.

de payer au bailleur une rétribution en argent, ou de lui abandonner le veau en âge d'être vendu, c'est-à-dire au bout de trois semaines au moins ; jusqu'à cette époque, il est obligé de le nourrir avec le lait de la mère.

2. — Quelquefois, le bailleur place avec la vache une génisse que le preneur est tenu de nourrir et d'élever ; dans ce cas, il n'est tenu de payer aucune autre rétribution.

3. — Dans le canton de Saint-Aubin-d'Aubigné, le preneur ne paie aucune rétribution, mais il abandonne au bailleur le veau à l'âge de trois semaines.

Dans le canton de Pipriac, le bailleur place avec la vache une génisse, que le preneur est tenu de nourrir ; mais celui-ci n'est astreint à aucune rétribution en argent.

Dans le canton de Combourg, le preneur qui a reçu deux vaches à cheptel élève à ses frais une génisse au profit du bailleur jusqu'au moment où elle devient mère ; le preneur qui n'a reçu qu'une vache paie au bailleur la valeur du veau lorsqu'il est parvenu à l'âge de trois semaines.

Dans le canton de Liffré, le bailleur dispose du veau, sans autre rétribution.

4. — Le montant de la rétribution, lorsqu'il y a lieu d'en payer une, n'est déterminé par l'usage que dans les localités suivantes :

Dans l'arrondissement de Saint-Malo, 12 fr. par an ; dans le canton de Hédé, 8 fr. ; dans celui de Montauban, 6 fr. ; dans celui de Bécherel, 6 fr. et la moitié de la valeur du veau ; à Montfort, de 6 à 10 fr. ou le veau ; à Saint-Méen, 9 fr. ; à Plélan, 5 fr.

5. — En cas de maladie, les frais de vétérinaire et les médicaments sont à la charge du propriétaire ; ceux de pansement sont supportés par le preneur.

152.

La durée du bail de vache à lait est fixée à un an dans les arrondissements de Saint-Malo et de Redon, et dans les cantons de Montfort, Bécherel, Saint-Méen, Saint-Aubin-d'Aubigné, Saint-Aubin-du-Cormier et Antrain; elle est de trois ans dans les cantons de Montauban et Plélan. Partout ailleurs, le bail peut être résilié à la volonté de l'une des parties, ou *au premier lassé*, sauf les conditions suivantes :

1° Le bailleur ne peut retirer la vache que trois mois au moins après en avoir eu le veau ;

2° Le preneur n'est pas maître de la rendre lorsqu'elle est *sèche* bien avant le vêlage ;

3° Le bailleur ne pourrait pas la retirer au printemps, s'il l'avait donnée à l'entrée de l'hiver, et réciproquement, le preneur ne serait pas fondé à la rendre à l'entrée de l'hiver, s'il l'avait reçue au printemps ;

4° Enfin, le preneur ne peut rendre la vache que dans l'état où il l'a reçue, près de mettre bas, en frais lait ou froide de lait.

Le bailleur, de son côté, ne peut retirer la vache que dans l'état où il l'a donnée.

153.

Les mêmes règles s'appliquent au bail des chèvres.

154.

Dans le bail des brebis, le preneur a la moitié de la laine et des agneaux, sauf les exceptions ci-après :

Dans le canton de Liffré, la durée du bail est d'un an. Le preneur a toute la laine et la moitié des agneaux.

Dans le canton de Pleurtuit, le preneur dispose également ment de la laine et de la moitié des agneaux. Il a droit, au bout de trois ans, à la moitié de la souche.

Dans les cantons du Grand-Fougeray et de Pipriac, la durée du bail est de six ans. La laine se partage chaque année par moitié. Le croit et la souche ne se partagent qu'à l'expiration du bail. Si le partage a lieu plus tôt, il s'opère dans la proportion d'un sixième, pour chaque année.

155.

1. — Dans le bail d'abeilles, le bailleur fournit les ruches dites *souches* données à bail.

Le preneur a soin des abeilles, et doit veiller à leur propagation. La couverture des ruches et leur entretien sont à sa charge, ainsi que la fourniture des ruches pour les nouveaux essaims. Quand une ruche meurt, elle est vendue par les soins du preneur, en présence ou du consentement du propriétaire, et le prix se partage par moitié.

2. — Lors du partage définitif, le propriétaire prélève autant de ruches qu'il a fourni de souches, mais il doit les prendre au rang, sans pouvoir choisir les meilleures. Le surplus se partage également. S'il se trouve moins de ruches vivantes que n'en a fourni le bailleur, celui-ci ne peut prétendre à aucune indemnité, à moins qu'il n'y ait faute du preneur.

3. — Dans le canton de Bécherel, quand une ruche meurt, si c'est une souche, elle appartient au bailleur, si c'est un nouvel essaim, le prix s'en partage par moitié.

Lors du partage définitif, le propriétaire prélève toutes les souches restantes seulement. Quant aux ruches nouvelles, elles se partagent également.

La durée la plus ordinaire du bail d'abeilles est de trois ans.

Le partage s'opère et les conventions se renouvellent le plus ordinairement vers l'époque de la Toussaints.

SECTION III. — *Du louage des chevaux et des voitures.*

156.

Dans les villes de Rennes et de Redon, il est d'usage, pour les chevaux et voitures loués pour la journée, de payer après dix heures du soir une indemnité qui, en cas de contestation, est laissée à l'appréciation du juge. Dans la ville de Hédé, l'indemnité est fixée, dans ce cas, au quart du prix de la journée.

A Fougères, les chevaux et voitures pris avant dix heures du matin doivent être rentrés avant dix heures du soir, ceux pris après dix heures peuvent être gardés jusqu'à minuit sans indemnité ; chaque heure en sus est payée en raison du prix de la journée.

Il n'existe aucun usage dans les autres villes du département.

CHAPITRE II.

DU LOUAGE D'OUVRAGE ET D'INDUSTRIE.

SECTION I. — *Du louage d'ouvrage, et spécialement du louage des domestiques.*

157.

L'usage a déterminé comme suit, dans les divers lieux du département, l'époque à laquelle se gagent ordinairement les domestiques :

Dans l'arrondissement de Rennes, le jour Saint-Jean (24 juin) pour les domestiques de ville; le jour Saint-Jean et plus généralement le jour Saint-Pierre (29 juin) pour ceux de la campagne, à l'exception du canton de Liffré, où l'entrée des domestiques de ferme a lieu le jour Saint-Georges (23 avril).

Dans les arrondissements de Montfort et de Redon, le jour Saint-Jean, tant pour la ville que pour la campagne.

Dans l'arrondissement de Saint-Malo, le jour Saint-Jean pour les domestiques de la campagne, point d'usage pour ceux de la ville.

Par exception, dans le canton de Combourg, l'époque du 24 juin est commune aux domestiques de ville et aux servantes de campagne; les garçons de ferme entrent le jour Saint-Pierre.

Dans l'arrondissement de Fougères, le jour Saint-Georges (23 avril) est l'époque généralement suivie pour l'entrée des domestiques, sauf dans le canton d'Antrain, où les domestiques entrent le jour Saint-Jean.

Dans l'arrondissement de Vitré, le 23 avril pour les domestiques de la campagne, et le 24 juin pour ceux de la
ville, à l'exception des cantons de Rhetiers et de La
Guerche, où les domestiques quelconques se gagent le jour
Saint-Jean.

158.

Le contrat de louage de services n'est considéré comme
parfait, dans les arrondissements de Rennes et de Redon,
et dans les cantons de Saint-Aubin-du-Cormier, Châteaubourg et La Guerche, qu'autant que le domestique a reçu
des arrhes, appelées *denier à Dieu*.

En général, la tradition des arrhes consomme immédiatement l'engagement; cependant, dans les quatre cantons de Rennes et dans l'arrondissement de Redon, l'usage
constant est de ne le considérer comme définitivement
consommé qu'après un délai de 24 heures, pendant lequel
le domestique est libre de rendre les arrhes. Sauf cette
exception, celle des parties qui veut rompre l'engagement,
est obligée, si c'est le maître, à la perte des arrhes qu'il a
données; si c'est le domestique, à la restitution au double, sans préjudice des dommages-intérêts dont celui-ci
peut être tenu, s'il attend, pour résilier, le jour déterminé
pour l'entrée.

Dans le canton de Pipriac, les arrhes sont en déduction
ou à-compte sur le montant des gages.

159.

Les domestiques de ville, et tous ceux en général qui,
attachés à la personne, sont loués à tant par an, plutôt pour

la fixation des gages que pour la durée des services, sont libres de sortir, comme on peut les renvoyer dans le courant de l'année, sans indemnité de part ni d'autre. Mais alors le maître comme le domestique sont respectivement tenus de se prévenir huit jours au moins à l'avance.

Cet avertissement se donne verbalement devant témoins.

Il n'existe d'exception à cet usage que pour la ville de Bécherel, où le domestique comme le maître ne peuvent rompre respectivement leurs engagements avant l'expiration de l'année, à moins de motifs sérieux.

Quant aux domestiques de la campagne, attachés à l'exploitation d'une ferme, ils sont gagés à l'année, et ils ne peuvent quitter leur service, de même que le maître ne peut les congédier avant l'expiration du temps convenu, sans indemnité, à moins de motifs valables.

L'engagement des *métiviers* est censé fait pour tout le temps de la moisson.

160.

Il n'existe aucun délai dans le département pour donner congé, soit pour les domestiques de ville, soit pour ceux attachés à la culture. Le silence des parties, prolongé jusqu'aux derniers mois qui précèdent l'époque des engagements, équivaut à cet égard à un congé.

161.

Les jardiniers, cochers, palefreniers, postillons, garçons meuniers, chefs de cuisine, garçons de restaurants et de cafés sont assimilés aux domestiques attachés à la personne du maître.

Il en est de même des nourrices à gages, des dames de comptoir, des garçons de bureau et de boutique, des commis de magasin et des commis voyageurs.

Le jardinier chargé exclusivement de l'exploitation des terres est considéré comme domestique attaché à l'agriculture.

Les postillons, les garçons meuniers et les nourrices sont censés loués au mois.

162.

Dans le contrat entre les parents et les nourrices qui prennent des enfants chez elles, l'usage est qu'en outre du prix convenu, payable par mois, les parents demeurent chargés de l'habillement et des objets de literie pour le coucher de l'enfant, ainsi que de l'entretien des effets et du blanchissage, à moins qu'ils ne fournissent le savon.

Les nourrices ne peuvent rien exiger au-delà du prix convenu. Les cadeaux qu'on leur fait habituellement et dont l'importance varie suivant la position de fortune des parents, sont plutôt une récompense de leurs soins qu'une rétribution exigible.

SECTION II. — *Du louage d'industrie.*

165.

La durée du travail effectif que doivent par jour les ouvriers employés à la journée (maçons, charpentiers, jardiniers et autres), est fixée par l'usage à onze heures, ou onze heures et demie en été, et à huit heures et demie en hiver.

La journée commence dans les plus longs jours à cinq heures du matin, et finit à sept heures du soir : elle décroît progressivement de manière à ne commencer qu'à sept heures du matin pour finir à cinq heures du soir en hiver.

A la campagne, on se règle sur l'*Angelus*, que l'usage est de sonner aux heures ci-dessus, suivant la saison.

En été, deux heures sont accordées pour les repas, savoir : de neuf à dix heures du matin pour le déjeûner, et de deux à trois heures pour le dîner. Plus trois quarts d'heure de repos : un quart à sept heures du matin, un quart à midi, et un quart à cinq heures.

En hiver, il n'est accordé de temps que pour le dîner, qui a lieu de midi à une heure ; plus deux intervalles de repos d'un quart d'heure chacun : le premier à neuf heures du matin, l'autre à trois heures de l'après-midi.

Les couvreurs commencent et finissent leur journée aux mêmes heures en hiver ; mais en été, même durant les plus longs jours, leur journée est limitée entre six heures du matin et six heures du soir.

Les menuisiers commencent leur journée à cinq heures en été et à sept heures en hiver. On peut exiger qu'ils travaillent jusqu'à huit heures du soir en hiver, en leur fournissant de la lumière.

164.

Les ouvriers qui, comme les plâtriers, travaillent au mètre et tous autres qui travaillent *à la pièce* ne sont pas soumis à des heures fixées.

165.

Les lingères, les tailleuses et les dresseuses commencent leur journée à huit heures du matin, hiver comme été ;

elles la finissent avec le jour dans la belle saison, et à huit heures en hiver.

A Rennes, la journée des ouvrières employées à domicile commence également à huit heures du matin en toute saison, et finit avec le jour à compter de la Saint-Michel jusqu'à Pâques; mais durant l'époque de *la veillée*, c'est-à-dire depuis Pâques jusqu'à la Saint-Michel, la journée ne se termine qu'à huit heures du soir.

Les *lavandières* commencent leur journée à six heures en été, et la terminent avec le jour. Elles ont deux heures pour les repas : de neuf à dix et de deux à trois.

Dans l'hiver, leur journée commence à huit heures, et finit avec le jour. Elles prennent un repas de midi à une heure.

166.

Les journaliers et les ouvriers en général qui sont payés à la journée, sont censés loués au jour.

Sous la dénomination de *journaliers*, on comprend, à la campagne, les couvreurs en paille, les tailleurs, faucheurs et moissonneurs qui reçoivent, non compris la nourriture, un salaire plus ou moins élevé, mais généralement supérieur au salaire des simples journaliers.

167.

L'usage le plus général est que les ouvriers se munissent d'outils à leurs frais.

A Saint-Malo, le propriétaire supporte les frais de façon des pointes de marteau à raison de cinq centimes pour chaque pointe.

168.

A défaut de convention contraire, les ouvriers employés à abattre du bois de chauffage se paient au stère, le mesurage compris.

La souche n'appartient jamais de droit aux ouvriers, mais il est d'usage de leur accorder les racines.

Ils ne sont point tenus au rétablissement des talus, à moins de convention spéciale.

169.

Dans les communes rurales de l'arrondissement de Rennes, ainsi que dans le canton de Bécherel, l'usage est de donner le trempage aux ouvriers en bois employés à la campagne aux travaux de leur profession, à moins que le propriétaire ne préfère leur abandonner les *copeaux*, *coquilles* ou *rubans*.

Cet usage ne s'observe pas à Rennes.

170.

Les marchés passés entre propriétaires et ouvriers en bâtiments portent souvent cette clause : Que le propriétaire fournira les matériaux *à pied d'œuvre*. L'usage ne détermine aucune distance à cet égard. *A pied d'œuvre*, au pied de l'œuvre, n'a d'autre signification que le plus près possible, suivant la disposition des lieux.

Quand l'eau ne se trouve pas sur le terrain même ou à une très-petite distance, le marché contient une stipulation à cet égard.

171.

Lorsque, par suite du mauvais temps ou autre force majeure, l'ouvrier travaillant à l'extérieur se trouve obligé de suspendre son travail, l'usage est de ne le payer que dans la proportion du temps employé. A cet effet, la journée se fractionne par quarts de journée. Chaque quart commencé est dû, soit à la ville, soit à la campagne.

Il n'y a de distinction que pour l'arrondissement de Redon, où les ouvriers travaillant à la campagne ont droit à la demi-journée lorsqu'elle est commencée.

172.

Lorsque le maître veut congédier un ouvrier, ou lorsque celui-ci veut quitter l'atelier, l'usage est de se prévenir réciproquement un certain nombre de jours à l'avance.

Le délai à cet effet est de huit jours au moins dans les arrondissements de Saint-Malo et de Fougères, et de cinq jours dans l'arrondissement de Vitré.

APPENDICE. — *Métrage.*

173.

En l'absence de convention spéciale, les maçonneries, enduits, peintures et couvertures se mesurent ainsi qu'il suit :

1. — Pour la maçonnerie (main-d'œuvre), quelle que soit son épaisseur, l'usage est de ne mesurer que la sur-

face, attendu que les prix diffèrent en proportion de l'épaisseur.

2. — Elle se mesure plein comme vide, sans avoir égard aux ouvertures, armoires d'attache, etc. Il n'y a d'exception que pour les portes cochères.

3. — Les pignons se mesurent suivant leur forme, et sans avoir égard aux cheminées. On mesure ordinairement les deux côtières en dehors et les pignons à l'intérieur.

4. — Les tuyaux des cheminées se mesurent à part, en prenant deux côtés à l'extérieur et deux à l'intérieur, qu'on multiplie par la hauteur.

5. — Si deux murs forment jonction, comme dans une maison, on en mesure un à l'extérieur et l'autre à l'intérieur, afin qu'il n'y ait pas double emploi.

6. — Quand il s'agit de fourniture de matériaux, on mesure au cube, en déduisant tous les vides.

Le rejointoiement d'un mur de pierre est toujours compris dans le marché à l'entreprise, soit à forfait, soit au mètre ; mais le recrépiment se paie à part.

174.

Les plafonds et enduits se mesurent au mètre carré, plein comme vide, pour les constructions en pierre.

S'il n'y a qu'un simple pan de bois, on déduit l'espace occupé par les croisées et portes.

Pour les plafonds, il est d'usage de mesurer jusque sous les corniches, et de mesurer celles-ci à part.

175.

Pour la peinture, on mesure ce qui existe.

Celle des croisées dont les carreaux ont moins de 33 centimètres sur un sens est comptée plein, et pour moitié seulement si les carreaux ont plus de 33 centimètres.

Celle des persiennes est mesurée des deux côtés, auxquels on ajoute un troisième côté pour l'épaisseur.

Pour les jalousies, on développe chaque lame.

Pour les corniches et pour les moulures de plus de 5 centimètres de saillie ou relief, on fait le développement des contours.

176.

Pour les couvertures, on déduit les châssis et les têtes de cheminées, lorsqu'il n'y a ni nocs ni arrêtiers.

On ajoute 2 ou 4 mètres, et même plus si elles sont très-grandes, pour chaque lucarne ou fenêtre de mansardes.

A la campagne, on accorde 11 centimètres pour le premier rang d'ardoises, ou *larmier*, de même que pour le dernier rang supérieur, ou *lignolet*, lorsqu'il n'existe pas d'enfaîteaux.

SECTION III. — *Louage des Matelots* (1).

177.

1. — A partir du jour fixé par l'engagement pour leur entrée au service du navire, jusqu'à leur débarquement, les matelots sont tenus de faire tout ce qui leur est commandé par le capitaine, et par conséquent de charger sur le navire les vivres comme les marchandises.

---

(1) L'usage relatif au louage des matelots eût été mieux placé à la suite du louage d'industrie ; mais comme on ne pouvait interrompre la transition toute naturelle qui existe entre ce dernier louage et la mesure des travaux de bâtiments, on a dû le placer après le métrage.

Il résulte d'un usage constant que les passagers, sur les navires de commerce, sont placés sous l'autorité du capitaine, comme les gens de l'équipage, et sont soumis, ainsi que ces derniers, quoique sous des rapports différents, à la discipline du bord.

178.

Pour le paiement du loyer des matelots, l'usage varie suivant les voyages :

1° Dans les voyages au long cours, les salaires sont payés au mois ;

2° Pour le grand cabotage, c'est tantôt au mois et tantôt au tiers ; et, dans ce dernier cas, l'équipage se nourrit ;

3° Pour le petit cabotage, c'est presque toujours au tiers, l'équipage se nourrissant ;

4° Pour la pêche de Terre-Neuve, il faut aussi distinguer :

A la côte de l'est : c'est *au salaire*, plus un lot dit *à la mode du nord*. (Ce lot produisant de 20 à 30 fr., le mousse y a droit comme le capitaine.)

A la côte de l'ouest : partie *au salaire* et partie *au tiers*.

Au banc : c'est *au salaire* et *au cinquième de la pêche pour tout l'équipage*, lequel cinquième se divise en lots et portions de lot suivant le grade.

TITRE QUATRIÈME.

OBJETS DIVERS.

Frais de pavage et d'éclairage.

179.

La loi du 11 frimaire an VII, en mettant à la charge des communes les frais de pavage et d'éclairage, n'a point réglementé la manière dont ces frais devraient être acquittés ; elle a, par conséquent, laissé subsister les anciens usages qui mettent ces frais dans certaines localités à la charge de la communauté des habitants, et dans d'autres à la charge des propriétaires riverains.

Dans le département d'Ille-et-Vilaine, les frais de pavage et d'éclairage sont à la charge des communes et payés sur les fonds de la caisse municipale.

Il en est différemment des frais relatifs à l'établissement des trottoirs dans les rues et places dont les plans d'alignement ont été arrêtés par l'autorité supérieure, et où, sur la demande des conseils municipaux, cet établissement est reconnu d'utilité publique. Dans ce cas, la dépense doit être

répartie entre la commune et les propriétaires. La portion
à la charge de la commune ne peut être inférieure à la moitié de la dépense totale. (Loi du 7 juin 1845, art. 1 et 2.)

A Rennes, ces frais sont supportés pour un tiers par les
riverains, si les trottoirs sont établis en granit, et pour moitié, s'ils sont en pavé de grès (1).

A Saint-Malo, les propriétaires supportent pour moitié la
dépense des trottoirs en granit.

Lorsque la maison devant laquelle le trottoir a été construit appartient à plusieurs propriétaires, la répartition
des frais a lieu entre eux d'après le revenu, en prenant
pour base l'estimation portée à la matrice cadastrale.

Taxes particulières établies par la loi ou l'usage local.

180.

La loi du 18 juillet 1837 (art. 44), en réglant la percep-
tion et la répartition des taxes particulières « dues par les
habitants ou propriétaires, en vertu des lois et des *usages
locaux*, » a consacré implicitement l'existence des taxes
établies par l'usage ou par les réglements locaux.

Les seules taxes particulières dont l'existence soit bien
constatée sont :

Dans l'arrondissement de Rennes : la contribution pour
l'établissement des trottoirs, qui est due à Rennes par les
propriétaires dans la proportion ci-dessus établie.

Dans l'arrondissement de Saint-Malo : la taxe des digues
des marais de Dol, laquelle est basée sur le revenu de

(1) Délibération du Conseil municipal du 26 mai 1847. — Ordonnance
royale du 29 octobre 1847.

chaque parcelle, d'après un cadastre spécial. (Réglement du syndicat du 15 juillet 1844 ; — Réglement de police du 15 juin 1846.)

Dans l'arrondissement de Redon : la taxe des digues des marais situés dans l'enclave de la commune.

Salaires des gestions de biens.

181.

A défaut de convention entre les parties, le gérant chargé d'une administration de biens perçoit pour ses honoraires, droits de recette, peines et soins :

5 0/0 sur les revenus des immeubles ;

2 1/2 0/0 sur les revenus mobiliers ;

De 1/8 0/0 à 1 0/0 sur l'encaissement des capitaux.

Frais de Deuil.

182.

D'après l'usage, les frais de deuil sont compris au nombre des frais funéraires. (C. N., art. 1481, 1570, 2101.)

Ils sont réglés d'après la fortune et la position sociale du défunt.

Dans les familles aisées, le deuil est généralement donné aux domestiques, mais ceux-ci ne sont pas en droit de l'exiger : c'est une question de pure convenance.

Les habits de deuil ne deviennent la propriété des domestiques qu'autant que leurs services se sont prolongés pendant toute la durée du deuil.

Observations des fêtes et dimanches.

185.

La loi du 18 novembre 1814, relative à l'observation des fêtes et dimanches, confère à l'autorité administrative le pouvoir d'étendre aux *usages locaux* les exceptions établies aux divers cas compris dans ses prohibitions (art. 9). Ce serait ici le lieu d'indiquer quels sont ces usages, si la loi de 1814 n'était demeurée presque partout sans exécution. Une circulaire de M. le Préfet d'Ille-et-Vilaine, adressée dans ce sens aux maires du département, le 18 avril 1849, porte que le pouvoir municipal n'en conserve pas moins le droit d'interdire, pendant les exercices du culte, les réunions ou manifestations qui troubleraient ces exercices.

Extraction de matériaux dans les lieux appartenant aux communes.

184.

L'art. 479 du Code pénal, § 12, déclare passibles d'une amende de 11 à 15 francs inclusivement « ceux qui, sans » y être dûment autorisés, auront enlevé.... dans les lieux » appartenant aux communes, les terres ou matériaux, à » moins qu'il n'existe un *usage* général qui l'autorise. »

Cet usage existe dans les localités énoncées dans l'article 55, et, bien qu'il dépende de l'autorité municipale de le faire cesser, l'exception n'en est pas moins applicable dans l'état.

ANCIENNES MESURES ÉVALUÉES EN NOUVELLES.

MESURES DE LONGUEUR.

185.

NOMS des MESURES ANCIENNES.	VALEUR en MESURES ANCIENNES.	VALEUR en MESURES NOUVELLES.	
		mètres.	millim.
Lieue de Bretagne...	2400 toises.	4677	642
Corde...........	de 24 pieds.	7	796
Perche...........	de 22 pieds.	7	146
Toise.	de 6 pieds.	1	949
Verge...........	de 50 pouces.	1	555
Aune...........	ordinaire, dite de Paris.	1	188
Pied...........	de 12 pouces.	0	524
Pouce...........	de 12 lignes.	0	027

MESURES AGRAIRES.

NOMS des MESURES ANCIENNES.	VALEUR en MESURES ANCIENNES.	VALEUR en MESURES NOUVELLES.	
		ares.	centiares.
Jour de terre.......	de 120 cordes.	72	95.6
Journal...........	de 80 cordes.	48	62,5
Sillon............	le 20ᵉ du journal.	2	43.1
Corde carrée	16 toises.	»	60,78
Arpent forestier.....	100 perches.	57	7,2
Perche carrée	»	»	57,77

MESURES POUR LES LIQUIDES.

186.

NOMS des ANCIENNES mesures.	LEUR VALEUR en NOUVELLES mesures.		COMMUNES où elles étaient en usage.	Observations.
	litres.	mil.		
Pintes....	0	986	Rennes. Antrain, Bécherel, Bréal, Châteaubourg. Guignen Hédé, Janzé.	
	1	000	Saint-Malo, Cancale, Dol.	
	0	951	Saint-Servan, Bain, Montfort, Gaël, Iffendic.	Le pot double de la pinte, et la chopine la moitié de la pinte.
	0	974	Fougères, St-Georges-de-Reintembault.	
	0	875	Vitré.	
	1	559	Châteaugiron.	
	1	161	Saint-Méen.	
	1	809	Châteauneuf.	
	1	164	Combourg.	
	1	010	Montauban.	
	1	285	Tinténiac.	
Pots.....	1	976	Saint-Malo, Cancale, Dol.	
	1	978	Châteaugiron.	
	2	695	Saint-Méen.	
	1	702	Redon.	Contenant deux pintes d'abbé.

MESURES POUR LES GRAINS.

187.

NOMS des ANCIENNES mesures.	LEUR VALEUR en NOUVELLES mesures.		LIEUX où elles étaient en usage.	Observations.
	déc.	mil.		
	2	515	Rennes.	Le demi-bois-
	4	283	Saint-Servan.	seau, appelé
	5	448	Vitré, Châteaubourg.	quart, est juste
	5	195	Châteaugiron.	la moitié du
	2	862	Montfort et Bédée.	boisseau; le go-
	2	098	Saint-Méen.	det est le dou-
	7	001	Antrain.	zième du boiss.
Boisseau à blé.....	4	240	Bécherel.	
	9	686	Combourg.	
	4	570	Janzé.	
	4	534	La Guerche.	
	5	261	Pléian.	
	5	526	Bain, Le Sel.	
	5	558	Fougeray.	
	2	955	Montauban.	
	4	570	Gaël.	
	5	041	Rennes.	Le demi-bois-
	4	956	Saint-Servan.	seau, etc., com-
Boisseau à avoine et à blé-noir	4	076	Bain, Le Sel.	me ci-dessus.
	5	255	Montfort.	
	2	292	Saint-Méen.	
	5	628	Fougeray.	
	5	255	Montauban.	
	4	198	Pléian.	
	4	951	Gaël.	

MESURES POUR LES GRAINS (*Suite*).

188.

NOMS des ANCIENNES mesures.	LEUR VALEUR en NOUVELLES mesures.		LIEUX où elles étaient en usage.	Observations.
	déc.	mil.		
Carçon à blé......	2	152	Saint-Malo.	Il faut deux de-meaux pour for-mer le boisseau de froment rou-ge, et cinq de-meaux pour le blé noir et avoi-ne. Le demi-demeau est la moitié.
Carçon à gros blé...	2	554		
	2	152	Fougères, St-Georges-de-Reintembault.	
	5	500	Antrain.	
	5	593	Bàzouges.	
Demeau...	2	509	Hédé.	
	4	845	Combourg.	
	5	107	Saint-Aubin-du-Cor-mier.	
Petit demeau...	2	552	Tinténiac.	
	2	421	Combourg.	
Demé	5	654	Redon, Guipry.	
Godet	1	211	Combourg.	Moitié du demeau.
Quartou, demi-bois-seau à fro-ment.....	5	927	Châteauneuf.	
Quartou, demi-bois-seau à gros blé......	4	896		

MESURES POUR LES BOIS.

189.

NOMS des ANCIENNES mesures.	LEUR VALEUR en NOUVELLES mesures.		NOMS DES COMMUNES où ces MESURES ÉTAIENT EN USAGE.
	stères.	millièmes.	
La brasse..	2	142	St-Malo, Servon. Tinténiac (1)
	2	742	Rennes, Dol, Vitré, Châteaugiron, Montfort, Antrain, Bàzouges-la-Pérouse, Bécherel, Bédée, Châteaubourg, Combourg, Hédé, Janzé, Plélan, Montauban, Tinténiac (2).
La corde ..	5	291	Fougères (3).
	5	085	La Guerche, Bain, Guignen, Guipry (4).
	5	016	Saint-Méen (5).
	5	199	Fougeray (6).

Valeurs anciennes.

(1) De 5 pieds sur 5 ; le bois de 2 p. 6 pouces de longueur.
(2) De 8 pieds sur 4 ; les bûches de 2 pieds 6 pouces.
(3) De 8 pieds sur 4 ; les bûches de 3 pieds.
(4) De 8 pieds sur 4.
(5) De 8 pieds sur 4 ; les bûches de 2 pieds 9 pouces.
(6) De 8 pieds sur 4 ; les bûches de 2 pieds 9 pouces.

TABLEAU comparatif des nouvelles mesures agraires, avec les anciennes, connues sous les noms de CORDE, JOURNAL et JOUR.

190.

Cordes.	Journaux.	Hectares.	Ares.	Centiares.	Milliares.
1	»	»	»	60	78
2	»	»	1	21	56
3	»	»	1	82	34
4	»	»	2	45	12
5	»	»	3	5	90
6	»	»	3	64	68
7	»	»	4	25	46
8	»	»	4	86	24
9	»	»	5	47	2
10	»	»	6	7	80
20	»	»	12	15	60
30	»	»	18	25	40
40	»	»	24	51	20
50	»	»	30	58	99
60	»	»	36	46	79
70	»	»	42	54	59
80	1 journal	»	48	62	59
	2	»	97	24	78
	3	1	57	87	79
	4	1	91	49	17
	5	2	45	11	56
	6	2	91	74	45
	7	3	40	56	76
	8	3	88	99	12
	9	4	57	61	51
	10	4	86	25	90
120	1 jour.	»	72	95	59
	2	1	45	87	17
	3	2	18	80	76
	4	2	91	74	54
	5	3	64	67	95
	10	7	29	55	90

TABLEAU OFFICIEL DES DISTANCES,

EN MYRIAMÈTRES ET KILOMÈTRES,

de chaque commune du département aux chefs-lieux du canton, de l'arrondissement et du département,

Dressé en exécution de l'art. 93 du règlement du 11 juin 1811, et révisé en 1855.

NOTA. — Les communes chefs-lieux de canton sont indiquées en lettres italiques ; au-dessous sont classées, par ordre alphabétique, les communes dont se compose le canton.

DÉSIGNATION des COMMUNES.	DISTANCE DES COMMUNES au chef-lieu judiciaire		
	du canton.	de l'arrondissem.	du département.
	myr. kil.	myr. kil.	myr. kil.

ARRONDISSEMENT DE RENNES.

DÉSIGNATION des COMMUNES.	du canton. myr. / kil.	de l'arrondissem. myr. / kil.	du département. myr. / kil.
Rennes (nord-est	» »	» »	» »
Betton	» 9	» 9	» 9
Chapelle-des-Fougerets (La)	1 1	1 1	1 1
Gévezé	1 6	1 6	1 6
Grégoire (Saint)	» 5	» 5	» 5
Montgermont	» 7	» 7	» 7
Montreuil-le-Gast	1 8	1 8	1 8
Thorigné	» 9	» 9	» 9
Rennes (sud-est)	» »	» »	» »
Acigné	1 2	1 2	1 2
Cesson	» 6	» 6	» 6
Chantepie	» 6	» 6	» 6
Vern	1 »	1 »	1 »
Rennes (sud-ouest)	» »	» »	» »
Bourgbarré	1 7	1 7	1 7
Bruz	1 5	1 5	1 5

DÉSIGNATION des COMMUNES.	DISTANCE DES COMMUNES au chef-lieu judiciaire					
	du canton.		de l'arrondissem.		du département.	
	m.	k.	m.	k.	m.	k.
Chartres	1	»	1	»	1	»
Châtillon-sur-Seiche	»	9	»	9	»	9
Erblon (Saint)	1	2	1	2	1	2
Jacques-de-la-Lande (Saint)	»	7	»	7	»	7
Noyal-sur-Seiche	»	9	»	9	»	9
Orgères	1	6	1	6	1	6
Vezin	»	6	»	6	»	6
Rennes (nord-ouest)	»	»	»	»	»	»
Pacé	»	9	»	9	»	9
Parthenay	1	7	1	7	1	7
Châteaugiron	»	»	1	5	1	5
Armel (Saint)	»	8	1	4	1	4
Aubin-du-Pavail	»	5	1	9	1	9
Brecé	»	8	1	6	1	6
Chancé	1	1	2	7	2	7
Domloup	»	5	1	4	1	4
Nouvoitou	»	4	1	4	1	4
Noyal-sur-Vilaine	»	8	1	5	1	5
Servon	1	»	1	8	1	8
Venèfles	»	2	1	8	1	8
Hédé	»	»	2	4	2	4
Bàzouges-sous-Hédé	»	5	2	6	2	6
Dingé	1	»	2	5	2	5
Gontran (Saint)	»	5	2	5	2	5
Guipel	»	6	2	5	2	5
Langouet	»	6	2	1	2	1
Lanrigan	1	5	5	7	5	7
Mézière (La)	1	»	1	4	1	4
Québriac	»	6	5	»	5	»
Symphorien (Saint)	»	5	2	4	2	4
Vignoc	»	6	1	8	1	8
Janzé	»	»	2	6	2	6
Amanlis	»	6	2	2	2	2
Boistrudan	»	8	2	8	2	8
Brie	»	5	2	2	2	2
Corps-Nuds	»	7	1	8	1	8

DÉSIGNATION des COMMUNES.	DISTANCE DES COMMUNES au chef-lieu judiciaire.					
	du canton.		de l'arrondissem.		du département.	
	m.	k.	m.	k.	m.	k.
Piré.	»	8	2	3	2	3
Liffré.	»	»	1	7	1	7
Chasné.	»	6	1	8	1	8
Dourdain.	1	5	5	»	5	»
Ercé près Liffré.	»	6	2	5	2	5
La Bouëxière.	»	7	2	5	2	5
Livré.	1	6	5	3	5	3
Sulpice-la-Forêt (Saint).	»	7	1	5	1	5
Mordelles.	»	»	1	4	1	4
Chavagne.	»	6	1	1	1	1
Cintré.	»	4	1	6	1	6
Gilles (Saint).	1	2	1	5	1	5
Hermitage (L').	»	9	1	1	1	1
Moigné.	»	8	1	»	1	»
Rheu (Le).	»	6	1	»	1	»
Saint-Aubin-d'Aubigné.	»	»	1	8	1	8
Andouillé-Neuville.	»	4	2	2	2	2
Aubigné.	»	5	2	5	2	5
Chevaigné.	»	7	1	5	1	5
Feins.	»	9	2	7	2	7
Gahard.	1	»	2	8	2	8
Germain-sur-Ille (Saint).	»	6	1	7	1	7
Médard-sur-Ille (Saint).	»	4	2	2	2	2
Melesse.	1	»	1	2	1	2
Montreuil-sur-Ille.	»	8	2	6	2	6
Mouazé.	»	4	1	5	1	5
Romazy.	1	6	5	4	5	4
Sens.	1	2	5	»	5	»
Vieuxvy-sur-Couesnon.	1	5	5	1	5	1

ARRONDISSEMENT DE SAINT-MALO.

Cancale.	»	»	1	4	7	2
Bénoît-des-Ondes (Saint).	»	9	1	5	6	6
Coulomb (Saint).	»	5	1	»	7	1
Fresnais (La).	1	2	1	8	6	5

DÉSIGNATION des COMMUNES.	DISTANCE DES COMMUNES au chef-lieu judiciaire					
	du canton.		de l'arrondissem.		du département.	
	m.	k.	m.	k.	m.	k.
Hirel.................	1	3	1	9	6	4
Méloir-des-Ondes (Saint)....	»	6	1	1	7	6
Châteauneuf.............	»	»	1	4	5	7
Guinoux (Saint).........	»	4	1	5	6	1
Lillemer...............	»	6	1	7	5	9
Miniac-Morvan.........	»	6	2	»	5	2
Père (Saint)............	»	5	1	2	6	»
Plerguer..............	1	9	2	5	5	5
Suliac (Saint)...........	»	4	1	4	6	1
Ville-ès-Nonais (La)......	»	2	1	6	5	9
Combourg..............	»	»	3	6	5	7
Bonnemain.............	»	8	3	3	4	5
Cuguen...............	»	8	4	»	4	»
Lanhelin.............	»	8	2	8	4	5
Léger (Saint)...........	»	8	4	4	5	5
Lourmais..............	»	6	5	7	4	5
Meillac...............	»	5	5	4	5	8
Pierre-de-Plesguen (Saint)...	1	5	2	7	4	7
Trémeheuc.............	»	5	4	»	4	1
Tressé...............	1	4	2	4	4	9
Dol.................	»	»	2	4	5	5
Baguer-Morvan.........	»	5	2	7	5	5
Baguer-Pican..........	»	4	2	8	5	4
Cherrueix.............	»	8	2	6	6	2
Epiniac..............	»	7	5	»	4	8
Mont-Dol.............	»	5	2	5	5	7
Roz-Landrieux.........	»	6	2	2	5	7
Vivier (Le)............	»	8	2	1	6	1
Pleine-Fougères........	»	»	4	»	5	6
Boussac (La)..........	»	.	5	5	5	7
Broladre (Saint)........	1	1	5	1	6	2
Georges-de-Grehaigne (St.)..	»	4	4	2	6	»
Marcan (Saint).........	1	»	5	5	6	6
Roz-sur-Couesnon.......	»	9	5	6	6	5
Sains................	»	4	5	8	6	»
Sougéal..............	»	5	4	5	5	8

DÉSIGNATION des COMMUNES.	DISTANCE DES COMMUNES du chef-lieu judiciaire					
	du canton.		de l'arrondissem.		du département.	
	m.	k.	m.	k.	m.	k.
Trans	»	5	5	9	5	1
Vieuxviel	»	4	4	5	5	6
Pleurtuit	»	»	»	9	6	5
Briac (Saint)	»	8	1	»	7	5
Enogat (Saint)	»	7	»	4	7	5
Lunaire (Saint)	»	8	»	8	7	5
Minihic-sur-Rance (Le)	»	5	1	1	6	6
Saint-Malo	»	»	»	»	7	1
Paramé	»	4	»	4	7	5
Saint-Servan	»	»	»	4	6	8
Gouesnière (La)	1	1	1	5	6	2
Jouan-des-Guérêts (Saint)	»	6	»	8	6	5
Tinténiac	»	»	4	2	2	9
Baussaine (La)	»	5	4	4	5	2
Chapelle-aux-Filzméens	»	7	5	7	5	5
Domineuc (Saint)	»	6	5	6	5	5
Longaulnay	»	9	4	5	5	5
Plesder	1	2	5	1	4	1
Pleugueneuc	»	9	5	5	5	8
Thual (Saint)	»	7	4	»	5	5
Trévérien	1	»	5	6	5	9
Trimer	»	5	4	»	5	1

ARRONDISSEMENT DE FOUGÈRES.

Antrain	»	»	2	6	4	5
Bâzouges-la-Pérouse	»	9	5	5	4	1
Chauvigné	1	1	2	»	5	7
Fontenelle (La)	»	2	2	8	4	7
Marcillé-Raoul	1	5	5	6	5	8
Noyal-sous-Bâzouges	1	4	4	»	4	1
Ouen-la-Rouërie (Saint)	»	4	2	5	4	6
Rémy-du-Plain (Saint)	1	5	5	2	5	5
Rimoux	1	»	2	7	5	8
Tremblay	»	5	2	5	4	»

DÉSIGNATION des COMMUNES.	DISTANCE DES COMMUNES au chef-lieu judiciaire					
	du canton.		de l'arrondissem.		du département.	
	m.	k.	m.	k.	m.	k.
Fougères (canton sud)	»	»	»	»	4	5
Billé	»	8	»	8	5	9
Combourtillé	1	»	1	»	5	9
Dompierre-du-Chemin	1	1	1	1	4	8
Javenay.............	»	4	»	4	4	5
Lecousse.............	»	2	»	2	4	7
Parcé.............	1	»	1	»	4	5
Romagné	»	6	»	6	5	9
Sauveur-des-Landes (Saint)..	»	8	»	8	5	8
Fougères (canton nord)	»	»	»	»	4	5
Beaucé	»	4	»	4	4	9
Chapelle-Janson (La)......	»	9	»	9	5	4
Fleurigné	»	7	»	7	5	2
Laignelet.............	»	5	»	5	5	»
Landéan	»	8	»	8	5	5
Loroux (Le)	1	2	1	2	5	7
Luitré.............	1	1	1	1	5	»
Parigné.............	1	»	1	»	5	5
Selle-en-Luitré (La)	»	8	»	8	5	5
Louvigné-du-Désert.......	»	»	1	6	6	1
Bâzouges-du-Désert.......	»	5	1	5	5	7
Ferré (Le).............	1	6	1	7	5	6
Georges-de-Reintemb. (St)..	1	»	1	9	6	2
Mellé.............	»	5	1	8	6	5
Montault	»	8	2	»	6	5
Poilley	1	2	1	4	5	6
Villamée.............	»	8	1	4	5	9
Saint-Aubin-du-Cormier....	»	»	1	9	2	8
Chapelle-Saint-Aubert (La)..	1	»	1	»	5	5
Chienné.............	»	9	1	2	5	5
Christophe-de-Valains (St)...	1	4	2	»	5	6
Gosné	»	5	2	4	2	5
Jean-sur-Couesnon (Saint)...	»	4	1	5	5	»
Marc-sur-Couesnon (Saint)..	»	6	1	4	5	2
Mézières	»	6	2	1	2	9
Ouen-des-Alleux	1	»	1	8	5	5

DÉSIGNATION des COMMUNES.	DISTANCE DES COMMUNES au chef-lieu judiciaire					
	du canton.		de l'arrondissem.		du département.	
	m.	k.	m.	k.	m.	k.
Vendel	»	9	1	2	5	5
Saint-Brice	»	»	1	5	4	4
Baillé	»	6	1	4	5	8
Châtellier (Le)	1	1	»	9	5	4
Coglès	»	6	1	9	5	»
Etienne-en-Coglès (Saint)	»	5	1	1	4	5
Germain-en-Coglès (Saint)	»	8	»	9	5	4
Hilaire-des-Landes (Saint)	»	8	1	2	5	9
Marc-le-Blanc (Saint)	»	6	1	6	5	8
Montours	»	8	1	4	5	1
Selle-en-Coglès (La)	»	4	1	6	4	7
Tiercent (Le)	»	9	1	7	5	6

ARRONDISSEMENT DE VITRÉ.

DÉSIGNATION des COMMUNES.	du canton.		de l'arrondissem.		du département.	
Argentré	»	»	»	9	4	1
Brielles	»	8	1	7	4	9
Domalain	1	5	1	5	5	8
Etrelles	»	5	»	7	5	7
Gennes	»	8	1	7	4	9
Germain-du-Pinel (Saint)	»	6	1	5	4	5
Pertre (Le)	»	9	1	8	5	»
Torcé	1	»	»	9	5	5
Vergéal	1	1	1	2	3	6
Châteaubourg	»	»	1	5	2	1
Broons-sur-Vilaine	»	4	1	8	2	4
Chaumeré	1	1	2	1	2	5
Didier (Saint)	»	5	1	4	5	5
Domagné	»	6	1	7	2	4
Jean-sur-Vilaine (Saint)	»	4	1	1	2	5
Louvigné-de-Bais	1	5	1	5	5	1
Melaine (Saint)	»	2	1	5	2	5
Ossé	1	»	2	2	2	»
La Guerche	»	»	2	1	4	1
Availles	»	4	1	9	4	5
Bais	1	»	1	6	5	4

DÉSIGNATION des COMMUNES.	DISTANCE DES COMMUNES au chef-lieu judiciaire					
	du canton.		de l'arrondissem.		du département.	
	m.	k.	m.	k.	m.	k.
Chelun	1	1	5	1	5	1
Drouges	»	5	2	6	4	6
Eancé	1	4	5	5	5	2
Moulins	1	5	1	9	2	8
Moussé	»	4	2	5	4	1
Moutiers	»	4	1	7	4	5
Selle-Guerchaise (La)	»	5	2	2	4	8
Visseiche	»	6	2	2	5	5
Rhetiers	»	»	5	1	5	6
Arbressec	»	6	2	6	5	9
Coësmes	»	6	5	7	5	7
Colombe (Sainte)	»	7	5	8	5	6
Essé	»	8	2	7	5	1
Forges	1	»	5	1	4	6
Marcillé-Robert	»	6	2	6	5	5
Martigné-Ferchaud	1	»	5	6	4	7
Theil (Le)	»	4	5	5	5	2
Thourie	1	1	4	2	5	6
Vitré (canton est)	»	»	»	»	5	6
Balazé	»	7	»	7	4	2
Bréal-sous-Vitré	1	9	1	5	4	8
Chapelle-Erbrée (La)	1	2	1	5	4	5
Châtillon-en-Vendelais	1	5	1	5	4	5
Erbrée	»	8	»	8	4	5
M'Hervé (Saint)	1	»	1	»	4	5
Mondevert	1	5	1	5	4	7
Montautour	1	5	1	5	4	7
Princé	1	6	1	6	5	1
Vitré (canton ouest)	»	»	»	»	5	6
Aubin-des-Landes (Saint)	»	8	»	8	5	1
Champeaux	»	9	»	9	2	9
Christophe-des-Bois (Saint)	1	5	1	5	5	9
Cornillé	1	»	1	»	5	»
Izé	1	»	1	»	5	5
Landavran	»	9	»	9	5	2
Marpiré	1	5	1	5	2	7

DÉSIGNATION des COMMUNES.	DISTANCE DES COMMUNES au chef-lieu judiciaire					
	du canton		de l'arrondissem.		du département.	
	m.	k.	m.	k.	m.	k.
Mecé...............	1	8	1	8	5	5
Montreuil-des-Landes......	1	7	1	7	4	2
Montreuil-sous-Pérouse.....	»	4	»	4	4	»
Pocé................	»	5	»	5	3	2
Taillis (Le).............	»	9	»	9	4	4

ARRONDISSEMENT DE REDON.

Bain..............	»	»	4	2	5	2
Ercé-en Lamée...........	1	»	5	2	5	7
Messac..............	1	»	5	2	4	2
Pancé..............	»	6	4	8	2	8
Pléchâtel.............	»	9	4	2	5	1
Poligné.............	»	6	4	7	2	8
Fougeray (Le Grand)......	»	»	5	5	4	6
Sulpice-des-Landes (Saint)...	1	»	4	5	4	5
Guichen.............	»	»	4	4	2	»
Baulon.............	1	1	4	5	2	6
Bourg-des-Comptes.......	»	7	4	7	2	7
Goven..............	»	6	4	7	1	9
Guignen.............	»	8	5	6	2	7
Laillé..............	»	6	5	»	1	9
Lassy..............	»	7	4	5	2	5
Senoux (Saint)..........	»	8	4	1	2	8
Le Sel..............	»	»	5	1	2	9
Bosse (La)............	»	5	5	»	5	2
Chanteloup...........	»	8	5	9	2	1
Couyère (La)..........	»	9	5	9	5	2
Lalleu..............	1	»	5	1	5	5
Saulnières...........	»	5	5	4	2	8
Tresbœuf............	»	5	5	5	5	1
Maure..............	»	»	5	»	5	9
Brûlais (Les)...........	»	4	5	1	4	5
Campel.............	»	5	5	5	5	7
Chapelle-Boucxic (La)......	»	7	5	9	5	2
Comblessac...........	»	8	2	9	4	7

DÉSIGNATION des COMMUNES.	DISTANCE DES COMMUNES au chef-lieu judiciaire					
	du canton.		de l'arrondissem		du département.	
	m.	k.	m.	k.	m.	k.
Loutehel	1	»	5	7	4	5
Mernel	»	2	5	2	5	7
Seglin (Saint)	»	5	2	5	4	4
Pipriac	»	»	2	5	4	5
Bruc	»	7	2	»	4	6
Ganton (Saint)	»	8	2	2	4	9
Guipry	»	8	2	9	5	9
Just (Saint)	»	6	1	9	4	9
Lieuron	v	5	2	8	5	9
Lohéac	»	9	5	1	5	4
Malo-de-Phily (Saint)	1	6	5	7	5	1
Sixt	1	1	1	5	5	4
Redon	»	»	»	»	6	5
Bains	»	7	»	7	6	1
Brain	1	9	1	9	5	4
Langon	2	2	2	2	5	5
Renac	1	2	1	2	5	2

ARRONDISSEMENT DE MONTFORT.

DÉSIGNATION des COMMUNES.	du canton.		de l'arrondissem		du département.	
Bécherel	»	»	1	9	5	5
Brieuc-des-Ifs (Saint)	1	»	2	2	2	7
Cardroc	»	6	2	2	2	8
Chapelle-Chaussée (La)	»	8	2	»	2	5
Ifs (Les)	»	8	2	2	2	8
Irodouer	»	6	1	5	2	7
Langan	1	1	1	7	2	5
Miniac	»	5	1	8	5	»
Pern (Saint)	»	1	1	9	5	7
Romillé	1	2	1	2	2	1
Montauban	»	»	1	5	5	1
Bois-Gervilly	»	5	»	9	5	2
Chapelle-du-Lou (La)	»	5	1	»	2	9
Landujan	»	7	1	1	4	9
Lou-du-Lac (Le)	»	5	»	9	2	9
Médréac	»	8	2	1	4	2

DÉSIGNATION des COMMUNES.	DISTANCE DES COMMUNES au chef-lieu judiciaire					
	du canton.		de l'arrondissem.		du département.	
	m.	k.	m.	k.	m.	k.
M'Hervon (Saint)	»	4	1	6	5	4
Uniac (Saint)	»	5	»	8	5	1
Montfort	»	»	»	»	2	5
Bédée	»	5	»	5	2	5
Breteil	»	4	»	4	1	8
Chapelle-Thouarault	»	9	»	9	1	6
Clayes	1	1	1	1	1	6
Goulay (Saint)	»	9	»	9	5	2
Iffendic	»	6	»	6	2	9
Lanouaye	»	7	»	4	2	7
Pleumeleuc	»	8	»	8	2	2
Talensac	»	4	»	4	2	1
Verger (Le)	»	9	»	9	2	2
Plélan	»	»	2	»	5	5
Bréal	1	9	1	2	1	8
Maxent	»	6	2	»	5	5
Monterfil	1	2	1	»	2	5
Paimpont	»	6	2	5	4	1
Péran (Saint)	»	7	1	5	5	4
Thurial (Saint)	1	6	1	4	2	2
Treffendel	»	9	1	5	2	9
Saint-Méen	»	»	1	9	4	2
Bleruais	1	1	1	4	5	7
Crouais (Le)	»	5	1	9	4	»
Gaël	»	7	2	1	4	4
Malon (Saint)	1	5	1	5	5	6
Maugan (Saint)	1	4	1	»	5	5
Muel	»	9	1	6	5	9
Onen (Saint)	»	2	1	9	4	1
Quédillac	»	9	2	2	4	»

TEXTE DES USEMENTS DE RENNES ET DE NANTES

DONT PLUSIEURS ARTICLES ONT ENCORE FORCE DE LOI DANS LE DÉPARTEMENT (1).

—————

USEMENT DE RENNES.

ART. 1ᵉʳ. — L'Usement de la Provôté de Rennes est tel : que les contrahants de chose mobilière ès fins et metes de la juris-diction de ladite Provôté : c'est à sçavoir, en la Ville, neuf Pa-roisses d'icelle Ville, et en la Châtellenie dudit Rennes, ceux contrahants sont subjets, et peuvent estre contraints par ladite Cour de la Provôté de Rennes, à entretenir lesdites promesses, grez et octrois par eux faits, esdites fins et metes de ladite juris-diction, pourvû qu'en l'ajournement soit icelui Usement libellé et mentionné : soient lesdits contrahants étrangers du Pays, ou d'autre Jurisdiction quelconque : sauf toutefois les manants et subjets de Vitré et Fougères, qui sont exempts par privilege spécial.

ART. II. — Celui qui bâtira ou refera maison de neuf en ladite Ville et Fauxbourgs de Rennes, sera tenu de bâtir à droit plomb, et faire les cloisons côtieres de pierre, entre sa maison et celle de ses voisins, jusqu'aux sablieres qui porteront les chevrons de la couverture desdites maisons : et seront lesdites murailles moi-toyennes, et en seront laissées fenêtres et marques d'un côté et d'autre.

ART. III. — Seront tenus les voisins qui ne bâtiront, souffrir qu'on prenne la moitié de la terre en leurs fonds et héritages,

—————

(1) Bien que la plupart des articles encore en vigueur aient été cités tex-tuellement dans ce recueil, et suivant l'ordre des matières, le texte entier de ces Usements y devait être inséré, ne fût-ce qu'à titre de documents et de pièces justificatives.

pour faire lesdites côtieres et murailles moitoyennes. Et contribueront les voisins pour une moitié de ce que coûteront lesdites murailles, lorsqu'ils voudront s'en servir.

ART. IV. — Ladite muraille moitoyenne sera aux fondements de trois pieds, et hors les fondements, de deux pieds et demi, le tout en chaux et sable.

ART. V. — Sera tenu, celui qui édifiera de nouveau, soutenir à ses dépens la maison du voisin, et rétablir les vieux merrains en état.

ART. VI. — Et si en ladite muraille aucun veut faire jambage, manteaux ou corbeaux de cheminées, ou autres attentes de clôtures, faire le pourra à ses dépens.

ART. VII. — Auxdites murailles, le voisin ne pourra mettre ne asseoir les sommiers et autres pièces de bois en l'endroit, et contre les autres sommiers auparavant mis et assis, ni aussi en l'endroit des cheminées.

ART. VIII. — Qui veut faire conduit pour cloaque ou eaux, pour arriver au conduit public, les voisins par sur lesquels le chemin sera le plus commode, seront tenus de souffrir le passage, sauf à eux à se servir dudit conduit, s'ils voient que bon leur soit, et en ce cas, faire les frais du conduit en leur endroit.

ART. IX. — Lorsqu'il sera besoin faire conduits, pour arriver aux conduits publics, chacun sera tenu contribuer, en l'endroit de sa maison, aux frais de l'œuvre dudit conduit.

ART. X. — Qui veut bâtir privé, est tenu de bâtir deux pieds de muraille en chaux et sable, auparavant que d'arriver à la muraille du voisin, propre ou commune.

ART. XI. — Vuës mortes, qui sont entendues faites au-dessus de sept pieds et demi sur plancher, à voirre mort, n'emporteront droit ne possession sur l'héritage dn voisin, en sorte qu'il ne soit loisible au voisin de bâtir au sien, et empêcher lesdites vuës, s'il n'y a titre de servitude expresse.

ART. XII. — Et quant aux vuës et fenêtres ouvertes à quatre pieds de plancher, et au-dessous ; à grille ou voirre ouvert, emportent possession, et se pourront prescrire par quarante ans de possession paisible, sans titre.

Art. XIII. — Nul ne peut avoir dalles sortantes sur le pavé, en ladite Ville et Fauxbourgs, privez ne ouverture de caves, autres que éventail à droit plomb, sans entrer sur le pavé.

USANCES DES VILLES, FAUXBOURGS ET COMTÉ DE NANTES.

Art. 1er. — L'Usement de la Comté de Nantes est que le survivant des mariez joüit des acquests faits durant leur mariage ; sçavoir, d'une moitié par héritage, et de l'autre par usufruit : Sera observé dorénavant durant la viduité du survivant en nourrissant par lui les enfants du mariage d'eux deux, s'ils n'ont autrement de quoi vivre. Et s'il se remarioit, départiront ledit survivant et héritiers du prédécédé, moitié par moitié. Et le survivant sera tenu de bailler le double des lettres, des acquests et contrats aux héritiers du décédé, s'ils le veulent avoir, et à ses dépens.

En la Ville et Fauxbourgs de Nantes.

Art. II. — Vuës ne égouts, que l'un des habitants aura sur l'autre, ne porteront à l'avenir aucune droiture ni saisine, s'il n'y en a titre ; sans lequel n'y aura lieu d'aucune prescription, pour quelque laps de temps que l'on prétende en avoir possession : ores qu'elle excede la mémoire des hommes, à compter du temps de l'an mil cinq cent trente-neuf que ledit usement fut premièrement mis et rédigé par écrit ; sans toutefois déroger aux Arrests donnez en semblables cas, lesquels à l'advenir ne seront tirez à conséquence, fors pour le regard des choses jugées.

Art. III. — Celui qui veut faire veuë sur l'héritage d'autruy, le doit faire à sept pieds et demi haut de terre ou de plancher. où il les fait ; et doit tenir celles veuës fermées à barreaux de fer et voirre dormant et non ouvrant, en manière qu'on n'y puisse passer ne jeter aucune chose.

ART. IV. — Et néanmoins lesdites veuës, le voisin peut édifier en sa terre, sans qu'il lui soit donné empêchement, s'il n'y a convention au contraire.

ART. V. — En mur moitoyen et commun, on ne peut, sans le consentement de parties, faire veuës, égouts, retraits ne citerne.

ART. VI. — Ès Ville et Fauxbourgs de Nantes, tous murs sont communs entre voisins, jusques à neuf pieds ; c'est à sçavoir, deux pieds en terre, sept pieds au-dessus de terre, qui n'a titre par lettres, fenêtres, marques ou autres enseignemens.

ART. VII. — Jambages de cheminées, corbeaux et autres pièces assises en muraille et ayant saillie, fenêtres et ouvertures de cheminées, démontrent qu'au côté où sont assis, le mur appartient. Et s'il n'y a fenêtre, ouverture ou marque que d'un des côtez seulement, celui mur est reputé être à celui du côté duquel la fenêtre ou marque sera.

ART. VIII. — Si en terre commune l'un des voisins édifie mur, et l'autre voisin s'en veut aider pour édifier, ou autrement, faire le pourra, en payant la tierce partie de ce dont il se voudra aider : mais le pourra empêcher celui qui l'aura édifié, jusques à ce qu'il soit payé.

ART. IX. — Quand aucun veut bâtir près d'un sien voisin, et qu'il y a entre deux un mur commun et mutuel, sur lequel est assise gouttiere ou gesse pour porter les eaux communes, celui qui bâtit le premier peut conduire ledit mur commun plus haut que la maison de son voisin, si bon lui semble. Et portera cil qui ne bâtit ses eaux comme il verra l'avoir à faire. Et se pourra aider dudit mur lors qu'il voudra hausser sa maison, payant le tiers dudit mur, comme dit est.

ART. X. — S'il y a une gouttiere qui porte les eaux de deux maisons, et qu'il y ait une maison plus haute que l'autre, et que la gouttiere soit commune, celui qui a sa maison plus haute doit payer les deux parts de la gouttiere et entretenement d'icelle, et l'autre le tiers.

ART. XI. — Si une maison est divisée entre les parties, en

telle manière que l'une desdites parties ait le bas d'icelle maison, et l'autre le dessus, la partie qui a le bas est tenue de soustenir et entretenir les édifices estant au-dessous du premier plancher, ensemble celui premier plancher. Et la partie qui a le dessus, est tenue de soustenir et entretenir la couverture et autres édifices qui sont sous icelle, jusques audit premier plancher, ensemble les carrelis d'icelui plancher, s'il n'y a convention au contraire (1).

ART. XII. — En mur moitoyen et commun, chacune des parties peut percer tout outre ledit mur pour y mettre et asseoir les poultres et solives et autres bois, en rebouchant les pertuis, sauf à l'endroit des cheminées où l'autre ne peut mettre aucun bois, ne corbeaux : mais autrement en toutes choses s'en pourra servir, rabillant les choses démolies.

ART. XIII. — Quand aucun édifie maison, et assiet ses soles, le voisin ne peut mettre ne asseoir les soles à l'endroit contre les autres soles auparavant mises et assises.

ART. XIV. — En mur moitoyen, le premier qui assiet ses cheminées pour les courges et corbeaux peut percer le mur outre, et ne les lui peut-on faire oster ne reculer.

ART. XV. — Murailles et pans de bois, ou terrasses qui ne sont droits, mais sont pendants, ventrus, ou contreplombés, doivent être redressés aux dépens de ceux à qui ils appartiennent. Et l'une des parties peut contraindre l'autre par Justice, pour reparer et mettre à droit plomb et ligne celui mur et terrasse (2).

ART. XVI. — Quand il y a héritage déclos entre voisins, et l'un d'eux veut qu'il soit fait clôture entr'eux, si l'un n'y veut contribuer, l'autre le peut faire à ses dépens, et pour ce faire, prendre

---

(1) Les réparations aux maisons divisées antérieurement a la promulgation du Code civil ont encore lieu conformément à cet article.

(2) La Cour de Rennes a décidé que cet article est encore aujourd'hui en vigueur. Arrêts du 1ᵉʳ prairial an XII et du 21 août 1833. *Journal de la Cour*, t. 2. p. 80, et 9, p. 400.

de l'héritage de son voisin jusqu'au montement de la moité dudit pied et demi, qui sera de l'épaisseur de ladite muraille, qu'elle sera à sept pieds et demi de hauteur hors terre, et néanmoins sera icelle muraille commune entr'eux, sans que celui qui a fait ladite muraille en ait aucune mise ne récompense de son voisin. Et sera tenu celui qui bâtira ladite muraille, laisser fenêtres et marques d'un côté et d'autre, pour témoignages de ladite communauté.

ART. XVII. — Quand aucun fait édifier ou reparer en son héritage, et ne le peut sans endommager son voisin, ou sans passer par sa maison et héritage, celui voisin est tenu lui prêter et donner patience à ce faire; et lui souffrir que par sa maison ou héritage celui bâtisseur passe ses attraits, soient poultres, gouttieres ou autres choses, si ledit bâtisseur ne les peut conduire ne passer par ailleurs. Parce toutefois que l'édifiant est tenu reparer, rétablir et mettre à dû état à ses dépens, en tout ce qu'il auroit rompu, démoli et gâté à sondit voisin. Et ne peut l'édifiant, pour raison de ce que dessus, acquérir droit ne possession contre, ne au préjudice de celui qui a donné ou souffert ladite patience.

ART. XVIII. — Foüillement en terre, grattement, démolition de muraille ne autres œuvres faites clandestinement par l'un des voisins, au deçu de l'autre son voisin, n'attribuë, par quelque laps de tems, droit ne possession à celui qui aura fait lesdites entreprises.

ART. XIX. — Qui bâtit ou refait de pied maison de nouveau, la doit bâtir à plomb et à la ligne, sans aucune saillie. Et s'il ne rebâtit dès le pied, doit tenir à plomb depuis l'étage où il réédifie.

ART. XX. — Aucun ne peut faire latrines, puits ou fosse de cuisine, pour tenir eau de maison, auprès de mur mutuel et commun, qu'on ne laisse franc ledit mur; et outre, qu'on ne fasse muraille d'un pied et demi d'épaisseur, de chaux et ciment, au danger et dépens de celui qui fait lesdits puits, latrines ou autres receptacles, s'il n'y a paction au contraire.

ART. XXI. — On ne peut faire ne tenir puits, retraits, latrines ne égouts près du puits à eau de son voisin, sinon qu'il y ait entre deux, neuf pieds d'espace et distance, pourvû que le puits soit premier édifié.

Art. XXII. — Quand il y a puits, retraits, latrines ou égouts communs entre deux parties, les vuidanges et curages se doivent faire aux dépens des parties qui y ont droit, et si la vuidange est faite par l'héritage d'une desdites parties de-là en avant, les autres parties seront tenues consecutivement endurer la vuidange par leur héritage, l'une après l'autre : toutefois celui qui endure et a la vuidange de son côté ne doit payer que le tiers des frais, et l'autre partie du côté de laquelle ne serait faite ladite vuidange, doit payer les deux autres tierces parties, et ainsi consecutivement.

Art. XXIII. — Chacun peut adresser le cours de son touc, encore qu'il soit nouvellement fait, aux autres prochains et anciens toucs, en contribuant à l'entretenement, et nettoyement desdits anciens toucs.

Art. XXIV. — Entre un four et mur moitoyen et commun, doit avoir un pied d'espace vuide pour éviter le danger et inconvenient du feu.

Art. XXV. — Si une maison ne se peut commodément départir entre plusieurs héritiers, lesquels par envie l'un de l'autre, ou pertinacité, veulent avoir chacun sa portion, ladite maison sera par Justice vendue et inquantée entre lesdits héritiers, et demeurera à celui d'eux qui plus en voudra offrir, et dernier encherira à l'éteinte de la chandelle; et les deniers qui en isront, seront entr'eux départis, pour les portions esquelles ils sont fondez.

Art. XXVI. — Tuteur ou curateur est tenu de faire profiter honnêtement l'argent de son mineur, ou mineurs; et après l'inventaire fait, se doivent vendre tels meubles appartenant audit mineur, ou mineurs, que le tuteur et Justice verra être à faire, publiquement à l'enquant, au plus offrant et dernier encherisseur, et les deniers qui en proviendront, doit ledit tuteur ou curateur, faire profiter comme dessus, et de ce faire bailler bonne et suffisante caution.

ERRATA, CORRECTIONS OU ADDITIONS.

Page 116, ligne 5ᵉ, au lieu de : *A l'exception du canton de Tinténiac*, lisez : « *Dans le canton de Tinténiac, le
délai, etc.* »

Page 156 (art. 24). 1ᵉʳ alinéa. *in fine*, ajoutez : « *Et laisse le
marc au fermier entrant.* »

Page 148 (art. 144), après le § 5ᵉ, rétablir le § 4ᵉ, omis devant
l'alinéa : *La réparation des peintures, etc.*

Page 161 (art. 166). supprimer le 2ᵉ alinéa de l'art. 166.

COMMISSION CENTRALE.

(Extrait du procès-verbal de la séance du jeudi 16 juin 1859.)

La Commission centrale, réunie ce jour en l'hôtel de la Préfecture, sur la convocation de M. le Préfet, pour donner son avis sur l'exactitude de la 2e édition du recueil des *Usages locaux*,

A constaté que la rédaction de cet ouvrage est exacte et conforme aux précédentes délibérations de la Commission.

Ont signé :

M. PINCZON DU SEL, *conseiller de préfecture, par délégation de M. le Préfet, président,*

Et les membres de la Commission :

MM. TAROT, *président à la Cour impériale, membre du Conseil général.* — LE GALL, *conseiller à la Cour impériale.* — MENARD, *avocat général à la Cour impériale.* — JOUAUST, *président du Tribunal civil de Rennes.* — DE MALÉZIEUX-DUHAMEL, *doyen des juges de paix de Rennes.* — LOYSEL père, *doyen des avocats du barreau de Rennes.* — MÉAULLE, *avocat à la Cour impériale de Rennes.* — QUERNEST, *docteur en droit, rédacteur du Recueil, secrétaire.*

TABLE DES MATIÈRES.

C

F

G

H

I

J

L

M

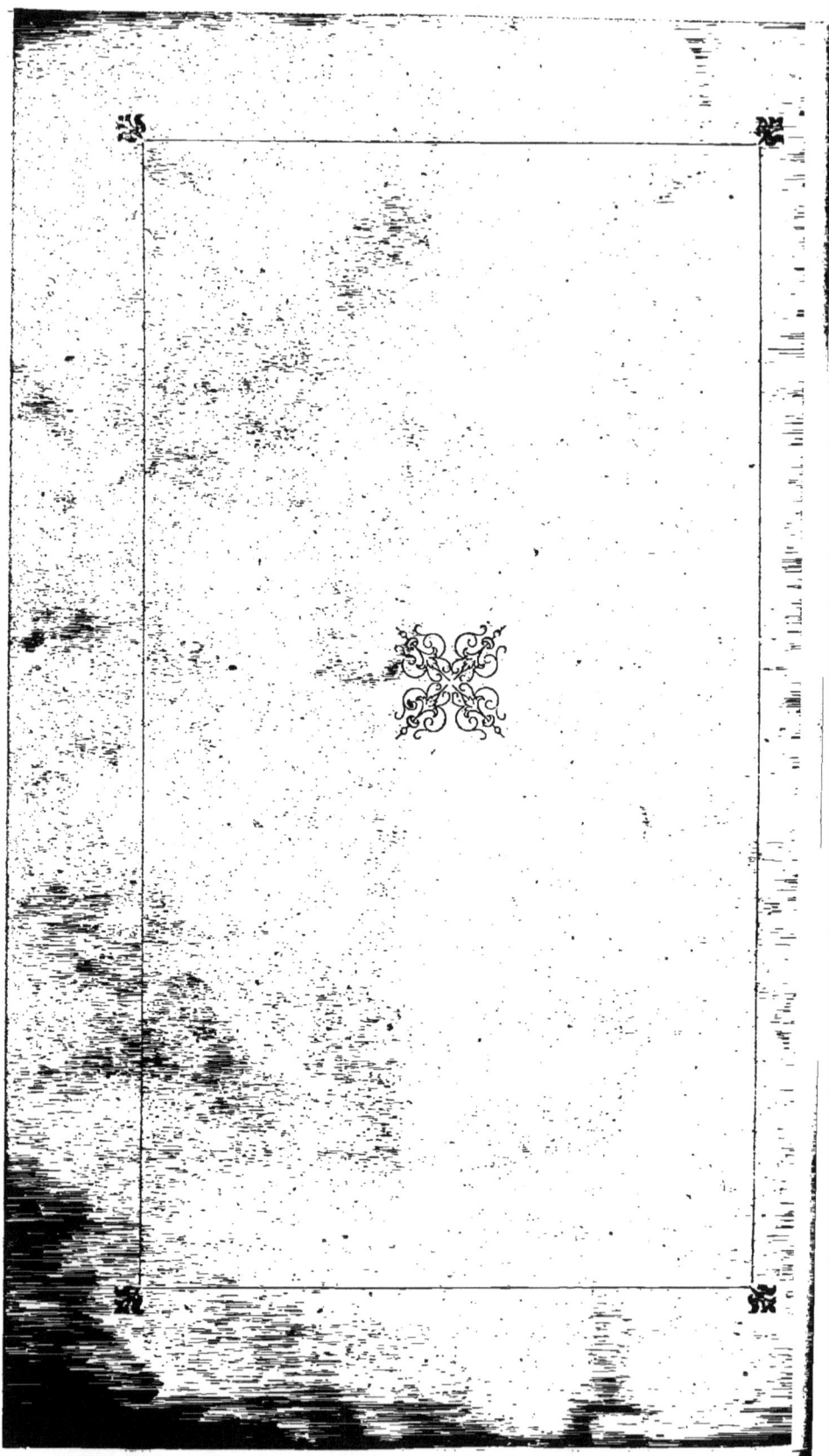